LEVIC-TORC
Gui
SECRET
PARIS-NOCEU
Maisons
de
Rendez-vous
Cabarets
artistiques
Dames Galantes
Tous les Plaisirs
Etc
LeonRo

PARIS NOCEUR

Ouvrages de Victor LECA

VOLUPTÉ EXCENTRIQUE ;

AMOUR ET FLAGELLATION ;

L'ORGIE PARISIENNE ;

L'AMOUR FRÉNÉTIQUE ;

CHAIR EN FOLIE ;

LA FESSADE ;

DAMES D'AMOUR ;

PARIS-NOCEUR ;

L'ART DE PLAIRE, D'AIMER ET DE SE FAIRE AIMER ;

LE LIVRE DES AMOUREUX ET DES FIANCÉS ;

L'AMI DU FOYER ;

MÉFIEZ-VOUS DES FILOUS ;

LA JOIE AU LOGIS *(cent monologues)* ;

LE THÉATRE CHEZ SOI *(dix saynètes)* ;

Etc., etc.

PARIS NOCEUR

PAR

LEVIC-TORCA

Ouvrage orné de Portraits d'après Nature

Et de Compositions inédites de Léon ROZE

PARIS

LIBRAIRIE DE LA NOUVELLE FRANCE

J. FORT, Éditeur

73, FAUBOURG POISSONNIÈRE, 73

Aux Lecteurs

PARIS

Est, Amis,
— Sans conteste,
Chacun l'atteste
Avec joie et ferveur —
LE PARADIS DU VIVEUR.
C'est ici que sont les amantes
Aux yeux polissons, aux blagues charmantes,
Sans cesse en train de rire et faisant chaque jour,
Avec un art savant, des prodiges d'amour,
Vous verrez à Paris, capitale du Monde,
La chic demi-mondaine et la pierreuse immonde.
Tarif des baisers : De un à cent francs.
Selon les beautés et les rangs.
Vous serez ravis, je gage,
De votre voyage
Au pays des Ris,
Où l'on arrive
Criant : Vive

PARIS!

LEVIC-TORCA.

PREMIÈRE PARTIE

DAMES GALANTES

DE LA DEMI-MONDAINE MILLIONNAIRE A LA DERNIÈRE GOTON

J'estime qu'il existe six catégories principales de *femmes galantes*, et que chaque catégorie peut se diviser en trois classes au moins.

1re CATÉGORIE

Demi-Mondaines, possédant un hôtel ou payant un loyer de six à dix mille francs.

2e CATÉGORIE

Cocottes, occupant des appartements de trois à cinq mille francs.

3e CATÉGORIE

Cocodettes, bourgeoisement installées. Loyer : de mille à quinze cents francs.

4e CATÉGORIE

Marcheuses, dans leurs meubles, de cinq à sept cents francs de loyer; ou occupant des appartements meublés, à raison de soixante francs par mois, — de soixante à cent francs.

5e CATÉGORIE

Retapeuses, occupant des chambres meublées à trente-cinq francs par mois, ou possédant un petit mobilier et payant un loyer de deux cent cinquante à quatre cents francs.

6e CATÉGORIE

Gotons, sans domicile fixe, dormant dans des taudis infects, et même à la « belle étoile ».

⁂

La **Demi-Mondaine**, en apparence, ne se distingue guère de la vraie grande dame.

Son installation somptueuse, son train de maison, ses toilettes, ses distractions, — voire même ses relations, — la feraient prendre pour une personne du monde... tout court.

Je ne dis rien de sa beauté ni de son *chic*, la beauté et le chic étant en dehors du luxe.

⁂

La Cocotte vit également sur un « grand pied »; en public, elle a l'air aussi riche que la demi-mondaine, mais si l'on comptait ses « fafiots »...

⁂

La Cocodette a l'air d'une bourgeoise très aisée, élégante et soucieuse de faire valoir ses charmes. Soixante pour cent des dames galantes appartiennent à cette catégorie.

⁂

La Marcheuse, malgré sa coquetterie, malgré les efforts qu'elle fait pour se « bien tenir », a presque toujours l'air de ce qu'elle est, les exceptions sont rares, et on la reconnaît vite entre mille personnes.

⁂

La Retapeuse, qu'elle fasse le raccroc fixe, au coin d'une rue, ou qu'elle se balade de l'Opéra à la Porte Saint-Denis, ou de cette porte à la Tour Saint-Jacques, ou dans n'importe quel lieu, n'est jamais confondue avec une femme honnête; son allure, son langage, sa coiffure — j'entends son chignon *trop* soigné — la désignent tout de suite au moins clairvoyant.

⁂

La Goton traîne la savate autour des casernes, près des barrières, sur les « Fortifs », aux Halles, la nuit, et se distingue par sa marche pesante, ses vêtements sordides, le linge... qu'elle n'a pas et ses propos orduriers.

⁂

Toutes les dames de la Galanterie, celles des catégories que j'ai citées, comme celles des classes intermédiaires, se disent DEMI-MONDAINES, mais il convient de distinguer!

N.-B — Il arrive assez fréquemment que des femmes de la haute et de la basse prostitution sont épousées légitimement par des hommes honorables, et deviennent d'excellentes mères de famille. Pour cette raison, j'ai donné aux femmes citées dans ce livre des noms fictifs.

Où l'on voit ces Dames

DU PALAIS AU TROTTOIR

DE DIX MILLE FRANCS A DIX SOUS

Mlle Juana de Marilys fut, de dix-huit à vingt-trois ans, une petite cigale des concerts de deuxième ordre.

Un tout petit rôle lui ayant été confié dans une revue de Cellarius, de joyeuse mémoire, elle parut en scène si gracieusement « déshabillée » et ses formes étaient si admirables, sa beauté si séduisante, qu'elle tourna la tête à un jeune comte fort riche, qui plastronnait, le soir de la *première*, dans une loge d'avant-scène.

Vous pensez bien que Juana ne repoussa point son adorateur, elle l'écouta si bien, au contraire, que, peu de jours après le « coup de foudre », elle quittait pour toujours la scène, où elle gagnait cent sous par jour, et s'installait, aux frais du comte, dans un superbe appartement, avenue Kléber, avec, pour « vivoter », cinq mille francs par mois.

C'est alors qu'elle adopta ces noms sonores : Juana de Marilys.

Les amis des amis étant des amis, elle connut, dans sa nouvelle situation, des personnages affligés... de fortunes colossales et sut, à ses cinq mille « balles », en ajouter cinq autres, puis dix, et même vingt, *par mois !*

Bientôt, elle fut célèbre.

Des grands ducs, des rois, furent ses « amis » et payèrent... royalement ses baisers.

Juana, millionnaire, se fiche d'un homme comme de son premier maillot de cabotine ; il y a belle lurette qu'elle a « mis à la porte » le comte qui la lança, et il est peu de fonctionnaires qui gagnent, en une année, la somme qu'elle exige du viveur qui désire être son compagnon de minuit à neuf heures du matin !

Juana de Marilys, comme une princesse, habite un hôtel superbe, dans le quartier de l'Etoile, et qui est sa propriété,

On la rencontre au Bois, conduisant elle-même des pur-sang, *ses* chevaux.

Elle est de toutes les fêtes splendides qui se donnent dans les salons huppés ou dans les établissements où ne fréquente que le « gros capital. »

Elle a un château en Touraine et un jeune fils, interne à Sainte-Barbe, qui, étant de père inconnu, s'appelle du vrai nom de sa richissime maman : Cornillot !

Juana de Marilys est une **Demi-Mondaine.**

Anna des Bruyères s'appelait plus simplement, il y a quelques années, Anna Noret, et n'était qu'un joli « mannequin » chez un grand couturier de la rue Auber.

Une cliente de la maison, cocotte riche et belle, lui ayant voué une profonde amitié, — amitié toute particulière, dit-on, — l'engagea à quitter son emploi, lui assurant que sa beauté lui permettrait de vivre sur une « plus grande échelle ».

Anna, qui n'attendait qu'une occasion, fut vite de l'avis de son amie. Elle cessa d'être mannequin et s'installa rue de Miromesnil.

Les « amis » affluèrent; les billets de banque s'entassèrent; la renommée vint. Anna fut cotée.

Encore un tour, et la roue de la Fortune la conduisait au même rang que Juana, qu'elle rencontre souvent, fréquentant à peu près les mêmes salons.

Mais cette roue, non garnie du fameux pneu, ne

boit pas l'obstacle, et un petit caillou l'empêcha d'avancer.

Anna des Bruyères n'est que Cocotte.

⁂

Jeanne Morlot, peut-être parce qu'elle est née de parents non plus riches, mais plus instruits, plus distingués que ceux de Juana et d'Anna, a moins de « culot », et ne sait pas aussi bien « jouer » avec la tête et la fortune des hommes.

Jeanne a été bien élevée. Elle étudia pour être institutrice et c'est un « amour contrarié » qui l'a fait dévier de sa route.

Elle s'enfuit un jour avec un amant qu'elle adorait et qui l'aimait peut-être réellement à cette époque-là.

Mais, après deux années de « collage », il l'abandonna, se maria et disparut.

Jeanne, alors, qui avait pris l'habitude du doux *far niente*, n'eut pas le courage de se mettre à un travail quelconque ; son père, d'ailleurs, était mort. laissant sa veuve dans la gêne, et elle se dit qu'un maigre salaire d'employée ou d'ouvrière ne lui permettrait pas d'aider sa mère.

Fort avenante, remarquée, recherchée, Jeanne accepta compliments et cadeaux sans se remettre en ménage.

Malheureusement, ses « amis » n'étaient pas millionnaires et, à plusieurs, ne lui rapportaient que de dix à quinze mille francs par an.

MENSONGE

On dit que je suis une sainte,
Mais ce n'est pas la vérité.
Et l'on ne me vit jamais ceinte
D'un ceinturon de chasteté.

Elle vit bien, subvient aux besoins de sa mère et met un peu d'argent de côté.

Élégante, elle fréquente les music-halls et les établissements de second ordre.

Jeanne Morlot est **Cocodette.**

⁂

Henriette Laval, fille d'ouvriers, était modiste et gagnait, à vingt ans, trois francs par jour.

Elle rêvait de belles toilettes, de fêtes, d'amour.

Elle avait bien un amoureux, ouvrier comme elle, mais comment eût-il pu satisfaire ses désirs de vie « plus large » ?

Un jour que, sans travail, elle était sortie pour en chercher, un monsieur la suivit un moment, l'accosta et lui offrit une consommation.

Henriette accepta et entra au café avec l'homme.

Celui-ci, d'un certain âge, lui dit qu'elle était belle, qu'il l'aimait, qu'il la désirait ardemment et qu'il serait heureux de satisfaire ses caprices.

Bref, il «l'entortilla» si bien qu'une heure après il la décidait à le suivre dans un hôtel d'où elle sortit avec un louis en poche.

« Tiens, se dit Henriette, ce n'est pas bête, ça! Si je rencontrais tous les jours un amoureux comme celui-là, c'est moi qui lâcherais vivement les formes, les fleurs et les rubans! »

La fatalité voulut que, dès le lendemain, un autre monsieur s'intéressât encore à elle, — pour le même motif, — la fit boire, manger, lui achetât des gants et lui remit également vingt francs en lui donnant rendez-vous pour le surlendemain !

« Ça va bien, pensa la belle fille, et je ne m'userai pas les jambes à chercher du travail !... Vingt francs en une heure, ça vaut mieux que dix-huit par semaine ! »

Grisée par le succès, elle quitta ses parents sous prétexte qu'ils la « barbaient », loua, rue des Martyrs, une chambre meublée et, depuis ce temps, sort chaque jour, se promène, accepte tout ce qu'on lui offre, n'est pas très riche, — il y a de mauvais jours, — mais vit assez tranquillement ; mieux, en tous cas, — car, au moins, elle s'amuse souvent, — que si elle faisait encore des chapeaux de cinquante francs et plus, à raison de trois francs pour dix heures de travail acharné.

Elle ne fréquente pas la « Haute », ne recrutant ses « amis » que parmi les commis, les employés, les flâneurs, petits rentiers ou provinciaux de passage, — et les établissements, de jour ou de nuit, où on la rencontre, sont de troisième et quatrième ordre, — très fréquentés par les viveurs qui, sans être très riches, ne sont pas à quelques louis près.

Henriette Laval est une **Marcheuse.**

Adèle Harangeard, née de journaliers, — ne pas confondre avec *journalistes,* — à Pantin ou à Ivry, fut de bonne heure initiée au vice et à la débauche, car ses parents, ivrognes et querelleurs, ne pensèrent guère à son éducation.

A douze ou treize ans, Adèle fréquentait déjà de jeunes voyous de la localité.

Je ne suis plus une gamine,
J'ai vingt ans... et plaisante mine.

Elle n'avait pas atteint sa seizième année que le travail la dégoûta — elle était cartonnière — et qu'elle se livra à la prostitution.

Arrêtée plus de dix fois pour vagabondage et racolage, elle fut inscrite à la Préfecture comme fille publique.

Dès lors, elle « fait le trottoir », préférant les ouvriers en état d'ivresse, qu'elle dévalise plus facilement, car Toto-la-Gourde, son « souteneur », la force à voler et la roue de coups quand elle a mal « turbiné ».

Assez jolie fille, forte en tétons, tête nue, proprement vêtue, elle fréquente les Bars (à trois sous le verre), les « Bistros » et on la rencontre sur les boulevards extérieurs ou sur « le Sébasto », près le Châtelet.

Elle vous demande dix francs, mais si vous n'en avez que deux, elle « marche » tout de même.

Adèle Harangeard est une **Retapeuse.**

Sophie Gouvion était fille de ferme dans un village de la Nièvre.

Placée comme bonne à Paris, chez un « pays », elle fut convenable pendant quelques mois.

Puis, s'étant fait faire un gosse on ne sait par qui, elle accoucha seule, clandestinement, et jeta son bébé dans la fosse d'aisance !

Ce méfait lui valut un an de prison.

Sa peine achevée, elle n'osa pas se représenter à ses anciens maîtres.

Ne connaissant personne à Paris, elle se mit à flâner par les rues, écoutant les propos obscènes des quelques types « mal ficelés », sans le sou, qui la rencontraient dans les jardins publics, aux abords des bastions, ou vautrée sur l'herbe des « Fortifs ».

Point jolie, mal bâtie, sale, en guenilles, il lui fut impossible de trouver soit du travail, soit un « ami » généreux.

Alors, elle se trimbale d'un bout de Paris à l'autre, longeant les barrières : heureuse quand un type mâle de son genre lui offre l'hospitalité dans quelque bouge, la fait manger un peu et boire beaucoup.

Sophie Gouvion est une **Goton.**

⊹

Les exemples qui précèdent dépeignent assez complètement tous les genres de *dames galantes* parisiennes.

Mais je n'ai pas borné à ce chapitre mes *divulgations* et vous trouverez dans les pages suivantes, mon cher lecteur, des *explications*, des *anecdotes*, qui vous rendront aussi renseigné que quiconque sur la *Femme de Paris.*

Patience !... Le chapitre *Maisons de rendez-vous* n'est pas loin. Lisez toujours !

LA PROSTITUTION

Au Conseil municipal, sur avis de M. Henri Turot et de quelques-uns de ses collègues que cette troublante question préoccupe, il est probable que sera adoptée cette définition de la Prostitution, proposée par M. Emile Richard :

« Doit seulement être réputée prostituée toute femme qui, publiquement et sans amour, se livre au premier venu, moyennant une rémunération pécuniaire, et n'a d'autres moyens d'existence que les relations passagères qu'elle entretient avec un plus ou moins grand nombre d'individus. »

Il ne faut donc pas traiter de *prostituée*, ni même simplement de *catin*, la femme qui, non mariée, se donne pour son plaisir à l'homme de son choix.

Se *donner* n'est pas se *vendre*, se *louer*, et la femme au cœur tendre, aux sens impérieux, même si elle change souvent d'amant, n'est pas une prostituée, si elle est désintéressée et si son cœur la guide.

2

Accorder ses faveurs à un inconnu, moyennant finance, est, pour une femme, se prostituer, — indéniablement.

Accorder ses faveurs à un homme dont elle s'est éprise, même spontanément, mais dans le seul but de prendre et de donner du plaisir, sans penser à d'autres satisfactions que celle du cœur et de la chair, c'est être amoureuse, — et non pas prostituée.

Je crois mettre suffisamment les points sur les *i*, et suis persuadé qu'il faudrait être fou ou systématiquement opposé à mes idées pour me soutenir le contraire.

La fille de joie ne se prostitue pas avec son amant — il s'agit de son *souteneur* — puisqu'elle l'a choisi, qu'elle l'aime et ne lui demande rien en échange de ses étreintes, — au contraire.

Mais la *femme honnête* (?), mariée ou non, — j'entends par femme honnête celle qui ne vit pas habituellement de l'amour vénal, — se prostitue quand elle accorde ses faveurs à un homme qu'elle n'aime pas, dans le but — inavoué — d'en retirer quelques profits, escomptant la galanterie, la générosité du monsieur.

Qu'elles sont nombreuses, à Paris, les femmes de cette catégorie !

A les entendre, pourtant, se sont des saintes, et leurs bouches menteuses sont pleines d'épithètes injurieuses à l'adresse des « cocottes » qu'elles mettent à cent pieds sous terre !

Elles pourraient du moins avoir dans le cœur un peu de pitié, puisqu'il est vide d'amour.

Mais, quoi ! sans amour, il n'est point de pitié ! Et je réclame à ces femmes — les pires — une chose qu'elles ignorent et ne peuvent comprendre.

En revanche, que de *cœurs d'or* on rencontre parmi ces filles — belles pour la plupart — qui servent de jouet à l'égoïsme des hommes !

Il y a bien aussi des cœurs pourris, mais pas tant que se l'imaginent des *satisfaits*, des *gavés*, qui *s'obstinent* à ne pas vouloir voir, en ces déshéritées de la Rue, des victimes de notre défectueuse Société.

POLICE DES MOEURS

Un saint fameux — saint Augustin — a dit, à propos des prostituées :

« Retranchez les femmes publiques de la Société, la débauche la troublera par des désordres de tout genre. Les prostituées sont dans une cité ce qu'est un cloaque dans un palais. Supprimez le cloaque, le palais deviendra un lieu malpropre et infect. »

Ce Père de l'Église, si je ne m'abuse, prétendait donc que, sans prostituées, les mœurs, en son temps, eussent été encore plus dissolues.

Et je crois bien qu'aujourd'hui les attentats à la pudeur et les viols deviendraient beaucoup plus fréquents si, tout à coup, les filles publiques disparaissaient des rues.

Ce qui ne m'empêche pas d'être — sans aucune restriction — un fervent adepte des idées de M. Henri Turot, conseiller municipal, qui réclame à grands cris une nouvelle réglementation de la

2.

prostitution, — plus juste, plus humaine que celle en vigueur depuis 1893.

Voici comment fonctionne, actuellement, la *Police des Mœurs :*

Cinq agents par arrondissement — soit, en tout, cent — puisque Paris se compose de vingt arrondissements, sont spécialement chargés de la surveillance des *filles soumises*, c'est-à-dire des prostituées inscrites à la Préfecture — dites, en langagage populaire, *femmes en carte.*

En effet, ces dernières, au moment de leur inscription, reçoivent une carte — dont vous trouverez ici la reproduction. — ainsi que les instructions suivantes :

PRÉFECTURE DE POLICE

2e Bureau — 3e Section	— 1re Division	Service des Mœurs

OBLIGATIONS ET DÉFENSES

IMPOSÉES AUX FILLES PUBLIQUES

Les filles publiques sont tenues de se présenter, une fois au moins tous les quinze jours, et à date fixe, au Dispensaire de Salubrité, pour être visitées.

Il leur est enjoint d'exhiber leur carte sanitaire à toute réquisition des officiers et agents de police.

Elles ne pourront entrer en circulation sur la voie publique avant l'allumage des réverbères et, en aucune saison, avant sept heures du soir, et y rester après minuit.

Rien de provocant dans leur attitude ou leur mise ne devra attirer les regards.

Défense expresse leur est faite de parler à des mineurs ainsi qu'à des hommes accompagnés de femmes ou d'enfants, et d'adresser à qui que ce soit des provocations à haute voix ou avec insistance.

Il leur est défendu de stationner sur la voie publique, d'y former des groupes, d'y circuler en réunion, d'aller et venir dans un espace trop resserré, et de se faire accompagner ou suivre par des « souteneurs ».

Les abords des églises, temples, écoles et lycées, les passages couverts, les boulevards, les Champs-Elysées, les gares et leurs abords et les jardins publics leur sont interdits.

Il leur est défendu de prendre domicile dans les maisons où existent des pensionnats ou externats.

Il leur est également défendu de partager leur logement avec un concubinaire ou avec une autre fille.

Elles ne devront jamais racoler par leurs fenêtres.

Celles qui contreviendront aux dispositions qui précèdent, celles qui résisteront aux agents de l'autorité, celles qui donneront de fausses indications de demeures ou de noms, encourront des peines proportionnées à la gravité des cas.

Avis important. — La carte délivrée aux filles au moment de leur inscription ne constitue pas une autorisation et ne saurait être considérée comme un encouragement à la débauche, ni comme un obstacle au travail.

La carte permet à l'Administration de s'assurer si les filles publiques — dans leur intérêt personnel comme dans celui de la santé publique — se soumettent aux visites sanitaires qu'elles doivent périodiquement subir tant qu'elles se livrent à la prostitution.

La radiation des contrôles et le retrait de la carte peuvent toujours être prononcés sur la demande des intéressées quand il est prouvé qu'elles ne tirent plus leurs moyens d'existence de la prostitution.

Les vérifications nécessaires sont, d'ailleurs, faites avec réserve et discrétion.

Ces cent agents, qui ne portent pas l'uniforme comme leurs camarades des autres services, mais exercent *en bourgeois* leurs délicates fonctions, paraissent déployer un zèle des plus ardents, car ils arrêtent, bon an mal an, trente mille filles soumises, ce qui revient à dire que chaque fille est arrêtée cinq ou six fois dans l'année, puisque, paraît-il, leur nombre est inférieur à dix mille. Je ne dis pas dix mille prostituées, mais bien *dix mille filles soumises.* Les insoumises, les mineures, dont il va être question, sont beaucoup plus nombreuses.

Cent autres agents, également *en bourgeois*, forment la *Brigade mobile.*

Vingt-cinq de ces hommes sont affectés à la surveillance des *filles insoumises*, — dites *conasses;* — ce sont celles des prostituées qui, ayant pu se soustraire aux investigations de la police, ne sont pas inscrites sur les contrôles de la Préfecture et ne sont pas munies de la fameuse carte.

Les soixante-quinze autres agents ne sont employés qu'à la recherche des malfaiteurs.

Vous conviendrez que vingt-cinq agents seulement pour surveiller environ quatre-vingt mille femmes vivant clandestinement de la prostitution, c'est trop peu, et qu'il n'est pas surprenant que, dans l'excès de leur zèle, ces agents surmenés

INGE... NIEUSE

Moi, je sais plaire à mes amants
Par mille exercices charmants;
J'ai des recettes précieuses
Me rendant des plus gracieuses.

arrêtent quelques fois de fort honnêtes femmes, qu'ils n'ont pas su discerner entre les huit mille « retapeuses » qu'ils envoient annuellement au Dépôt.

Que d'erreurs regrettables ont été commises, qui ne pourront être renouvelées, si M. Turot réussit à faire adopter son remarquable projet !

Certes, des agents trop zélés, ou... trop bêtes, ont arrêté, comme filles publiques, des dames respectables qui stationnaient, attendant leur mari, leur frère ou leur ami, et même, dit-on, des jeunes filles qui, à la porte d'une usine, attendaient leur père à la sortie des ateliers !

Mais il faut reconnaître que les agents, s'ils le voulaient, pourraient *légalement* se montrer d'une sévérité féroce, une vieille ordonnance, datant de 1778, n'ayant pas été abrogée, leur donne des droits excessifs, attendu que les us et coutumes actuels ne sont plus les mêmes.

De cette ordonnance, voici l'article cinquième. Vous allez frémir, l'ayant lu, en pensant qu'il est encore aujourd'hui en pleine vigueur, et sachant ce qui se passe journellement dans la plupart des hôtels meublés parisiens.

Voilà le morceau. C'est à faire trembler.

« Enjoignons à toutes personnes tenant hôtels, maisons et chambres garnies au mois ou à la quinzaine, à la huitaine, à la journée, etc..., d'écrire de suite, jour par jour et sans aucun blanc, les personnes logées chez elles par noms, prénoms, pays de naissance et lieux de domicile ordinaire sur des registres de police qu'ils devront tenir à cet effet cotés et paraphés par les commissaires du quartier, et de ne souffrir dans leurs hôtels, maisons et chambres, aucuns individus sans aveu, femmes ni filles de débauche se livrant à la prostitution, de mettre les hommes et les femmes dans des chambres séparées, de ne souffrir dans les chambres particulières des hommes et des femmes prétendus mariés qu'en représentant par eux des actes en forme de leur mariage, ou en le faisant certifier par écrit par des gens notables et dignes de foi, le tout à peine de 200 livres d'amende. »

Mais soyez sans inquiétude, mon cher lecteur, nul hôtelier, vous voyant arriver en compagnie d'une dame, ne songera à vous demander votre *acte de mariage.*

Ah! pauvres amoureux, que deviendrions-nous, si les hospitalières petites chambres d'hôtel, où nous passons parfois de si délicieux instants, devaient nous être fermées, interdites !

LA CARTE DES FILLES SOUMISES

Cette carte, sorte de *coupe-file* des prostituées, leur est surtout utile lorsqu'elles sont en butte aux tracasseries professionnelles des agents des mœurs.

En effet, menacée d'arrestation, si la titulaire est en règle et peut exhiber une carte portant, dans les colonnes première ou deuxième quinzaine, les

CARTE DES FILLES SOUMISES

Nom ....

1906

Prénom ....

Née à ....

Le ....

Les visites auront lieu
le 12 et le 27 de chaque mois

Lorsque la visite tombera un dimanche, ou un jour férié, elle sera remise au lendemain.

Les jours fériés sont : le 1er janvier, le mardi gras, le vendredi saint, le lundi de Pâques, l'Ascension, le lundi de la Pentecôte, le 14 juillet, le 15 août, la Toussaint et la Noël.

CADRE

réservé à la

PHOTOGRAPHIE

RECTO

dates 12 ou 27, inscrites au composteur, et signifiant qu'elle a passé la visite sanitaire, elle a chance de ne pas être « embarquée ».

Si, au contraire, la fille soumise montre une

CARTE DES FILLES SOUMISES

MOIS	1re QUINZAINE	2e QUINZAINE
Janvier		
Février		
Mars		
Avril		
Mai		
Juin		
Juillet		
Août		
Septembre		
Octobre		
Novembre		
Décembre		

VERSO

carte vierge, ou sur laquelle de trop rares inscriptions ont été faites, elle est en défaut, et, impitoyablement, conduite au poste de police, puis de là, par le *panier à salade*, au Dépôt.

Alors, se passe, pour elle, ce que j'explique plus loin.

Voici, exacte, la reproduction de la fameuse carte des « Filles ».

Jolie carte de visite, n'est-ce pas, pour une demoiselle !

RAFLES DE FILLES

A SAINT-LAZARE

Le sort des « filles » arrêtées varie selon qu'elles sont *soumises*, *insoumises* ou *mineures*.

La *fille soumise*, « coffrée » le soir, passe la nuit au Dépôt.

Le lendemain, avant midi, cette femme, habituée aux « passes », passe devant le sous-chef du deuxième bureau. Celui-ci, conformément à la tradition pure et simple, ordonne qu'elle restera à la prison de Saint-Lazare (faubourg Saint-Denis) quatre, huit ou quinze jours, selon la gravité de l'infraction qu'elle a commise, ou bien qu'elle sera

« relâchée » immédiatement, — cas très rare, m'ont affirmé plusieurs femmes; très fréquent, au contraire, prétendent certains fonctionnaires.

Reconnue malade, atteinte de quelque affection vénérienne, la *fille soumise* est gardée à l'infirmerie de Saint-Lazare, non pas jusqu'à guérison complète, ce qui demanderait des mois, peut-être des années, mais seulement jusqu'à une certaine amélioration de son état.

Cela prouve que la prostituée a beau passer régulièrement la visite, elle peut très bien, malgré sa louable assiduité, être assez contaminée, — avariée, — pour communiquer à ses clients sa redoutable maladie, — ce fléau.

⁂

La *fille insoumise*, le lendemain de son arrestation, passe au dispensaire du Dépôt.

Si aucun bobo ne la rend nuisible, elle comparaît, deux ou trois jours après, devant une manière de tribunal composé de :

Le chef du deuxième bureau,

Le sous-chef,

Deux commissaires de police.

Malade, elle est calmée, sinon guérie, à l'infirmerie de Saint-Lazare, avant d'être admise en présence de la Commission.

Les quatre fonctionnaires interrogent *la fille*, examinent son dossier, les renseignements obtenus sur son compte, et décident, après délibération, si elle doit être *mise en carte* ou renvoyée.

O lecteur, si tu te confesses,
Ne dis pas un mot de mes fesses.

La récidiviste en racolage et la fille qui la sollicite, obtiennent immédiatement leur inscription sur les registres et s'en vont munies... d'une belle carte toute neuve, avec leur nom dessus, en superbe bâtarde !

Naturellement, la fille qui demande à être mise en carte ne récrimine pas lorsqu'on lui remet le petit carré de carton.

Mais il arrive que la récidiviste jure ses grands dieux qu'elle « ne le fera plus » et supplie qu'on ne l'inscrive pas, en versant d'abondantes et chaudes larmes.

Il en est de sincères, qui émeuvent forcément par des arguments comme celui-ci :

— Sans travail depuis longtemps, je mourais de faim; alors, j'ai succombé. Je ne ferais pas *ça* si j'avais de l'ouvrage et si, en travaillant, je gagnais ma vie.

D'autres, paresseuses, vicieuses, inconscientes de leur avilissement, cyniques, font de déconcertantes réflexions.

Une de ces dernières, tout à fait éhontée, déclarait :

— Pensez-vous que je vais me démancher à travailler? Pas si poire! Vive la joie! Tant qu'il y aura des cochons d'hommes au monde, les femmes ne devraient jamais rien f...aire!... Donnez-moi vivement ma « *brême* » (carte) et f...ichez-moi la paix!

⁂

Les *filles mineures* arrêtées, — âgées de douze — voire même dix ans — à vingt ans et presque toutes *avariées*, — sont traduites devant la Commission précitée.

On n'en « ramasse » pas seulement sur le Trottoir, mais il arrive qu'on en trouve dans des *maisons closes*, où elles ont pu se faire admettre grâce à de faux états civils.

Voici une *fille mineure* arrêtée en flagrant délit de racolage.

Qu'en fait la Préfecture?

Elle prévient la famille qu'elle exhorte à reprendre la gamine.

Souvent, les parents refusent, ou bien ils n'existent plus.

Alors, si la « môme » n'a pas seize ans révolus, elle est confiée à quelque patronage.

Mais si elle est âgée de dix-sept ou dix-huit ans, elle est rendue à la liberté, l'Administration, en ce cas, ne pouvant rien contre elle.

Et cela fait bondir!

Quoi! voilà une enfant qui, entre autres *incapacités*, selon la loi, ne peut se marier sans consentement, et qu'on laisse libre de se prostituer au premier venu!

M. Henri Turot est donc bien inspiré quand il propose la fondation, « pour les *filles mineures* en état de vagabondage immoral, d'un établissement spécial où elles pourront être retenues jusqu'à leur majorité et où elles seront soignées, s'il y a lieu, sans que cet établissement revête un caractère pénitentiaire ».

Et le viveur le plus frénétique, s'il n'est pas dénaturé, dira, après avoir lu ce qui précède :

— Oui, certes, il convient de préserver l'enfance du Vice.

MOEURS ET AVENTURES

DES FEMMES

Qui font ce qu'on appelle la NOCE

L'AMOUR A TOUS LES ÉTAGES

MARCELLE HORLYN

N'étant point sortie de la cuisse de Jupiter, cette jolie fille, dès qu'elle sut lire, écrire et compter un peu, fut placée en apprentissage chez une couturière.

Elle s'en allait le matin, emportant un repas frugal dans un petit panier, et ne rentrait chez ses parents que le soir, après huit heures, car elle travaillait rue d'Aboukir et demeurait fort loin de là, au fond de la Villette, rue de Crimée.

Ses père et mère, ouvriers besogneux, n'avaient pas le temps d'être constamment derrière Marcelle pour épier ses faits et gestes.

Jouissant donc d'une assez grande liberté, la jeune ouvrière ne tarda pas à fréquenter des jeunes gens que sa beauté affolait d'amour.

Pour Marcelle, comme pour tant d'autres, ce fut le chômage qui lui fit prendre le chemin de la « Bombe ».

Sans ouvrage, elle cherchait, dans les annonces des journaux, aux « offres d'emplois », quand, un jour, ces lignes attirèrent son attention :

PHOTOGRAPHE demande jeunes et jolies femmes, pour poses habillées. Dix francs par séance et portrait gratis.
Alberto, 135, rue Milton, de 2 à 5 h.

« Je suis jeune et jolie, se dit Marcelle, allons voir ça. Dix francs par séance et des portraits, c'est épatant ! »

Le lendemain, s'étant parée de ses « frusques » du dimanche, elle se présenta chez M. Alberto.

Le photographe la reçut avec une grande affabilité, et, tout de suite, la fit poser, — habillée, selon l'annonce.

Marcelle sortit de là enchantée. Elle avait été choyée, adulée ; elle avait dix francs dans sa poche et six cartes-album lui étaient promises ; puis, elle devait de nouveau, le lendemain, gagner dix francs.

A la deuxième séance, la pose fut encore habillée. Mais M. Alberto, aux compliments, joignit les caresses, les baisers, devint si entreprenant, que Marcelle, heureuse de se voir aimée et de gagner « tant d'argent », fut ce jour-là sa maîtresse.

Naturellement, se montrer nue à son amant, c'est, peut-on dire, logique, et Marcelle ne se fit pas prier quand M. Alberto la pria de se dévêtir complètement.

Mais le photographe ne voulait pas seulement admirer les charmes de la belle; son intention était d'en tirer des épreuves académiques, qu'il vendrait par centaines, l'original étant ravissant, mais il n'en parla point à Marcelle, et celle-ci le crut quand il lui dit qu'il n'en tirerait que quelques-unes pour elle et pour lui.

Peu de temps après, Marcelle, tout à fait « apprivoisée », consentait à poser non seulement des « nu », mais aussi des obscénités, — ce qui se vend le mieux.

Depuis, elle a quitté ses parents et se dit « modèle ».

Ne gagnant pas assez à poser des « *Coups de minuit* », des « *Défloration d'Emma* », elle figure, le soir, soit aux Folies-Bergère, à l'Hippodrome, dans les spectacles dits *à femme*.

Mais la figuration ne lui valant que trente sous par soirée, elle ne repousse pas — bien au contraire — les viveurs qui lui offrent à souper... et le reste.

Si l'on considère que le salaire de la femme est vraiment trop minime, en général, pour qu'elle puisse vivre, même chichement, de son travail, estime-t-on que Marcelle a tout à fait tort, quand elle dit :

« Je n'ai pas fait vœu de chasteté, je suis libre de mon corps, j'en fais ce que je veux. Tout en m'amusant, je gagne ma vie ; tandis qu'en atelier, je m'étiolais, manquant d'air et crevant de faim ! Que ceux à qui mon genre de vie ne plaît pas me donnent de quoi vivre et je me tiendrai tranquille. Aux sermoneurs, je dis : Flûte ! »

OCTAVIE LARDET

Elle se conduisit à la satisfaction de sa famille jusqu'à sa vingtième année, au cours de laquelle elle épousa un employé de commerce sérieux et probe.

Quelques mois après son mariage, jalouse des femmes des amis de son mari, qui, plus riches qu'elle, étaient plus élégamment vêtues, elle se demandait comment elle ferait bien pour avoir aussi des toilettes et des chapeaux à la mode.

Jolie, chaque fois qu'elle sortait, des hommes la reluquaient et, plusieurs fois, elle en avait « envoyé promener » qui lui avaient offert « monts et merveilles ».

« Mais je suis vraiment bête, se dit-elle un jour, de ne pas faire comme tant d'autres. Une heure à l'hôtel avec un type, la belle affaire ! Et j'aurai de l'argent, et je serai chic ! »

Dès lors, elle se laissa courtiser et sortit même

OBSERVATRICE

C'est drôle : Si je cours après un homme, il me fuit ; si je veux l'éviter, je l'ai tout le temps à mes trousses.

plus souvent qu'à l'ordinaire, dans le seul but de provoquer une aventure.

Souvent, elle rentrait avec cinq, dix ou vingt francs qu'elle avait gagnés en faisant concurrence aux professionnelles de la débauche.

Son mari, certes, l'ignorait, et, benêt, la croyait sur parole quand elle affirmait n'avoir payé que trente-neuf francs un manteau de soixante-quinze ou même cent francs !

Il disait souvent à ses amis : « Vos femmes ne savent pas acheter. Voyez Octavie, elle a des « nippes » épatantes pour presque rien ! »

Ce cocu était bêta, mais honnête, et s'il eût su la vérité, sa femme n'eût pas longtemps continué son trafic.

Mais il est des époux moins scrupuleux qui permettent tout à leurs femmes, pourvu que leurs garde-robes soient bien « montées », ne leur coûtent rien et que, dans l'armoire, une petite boîte contienne toujours quelques louis de réserve !

Un employé à deux cents francs par mois est forcément un imbécile ou un marlou, s'il a un ménage en nécessitant le double : imbécile, s'il ne s'en aperçoit pas ; vulgaire « mec » s'il le sait et se tait, — ou s'il l'exige.

A la vérité, sur dix maris dont les femmes se font de cette façon des revenus, huit n'en savent rien, leur amour les aveuglant et leur faisant accroire qu'ils ont épousé des « perles », des « femmes d'intérieur », qui trouvent le moyen d'avoir l'air de princesses, de bien vivre avec les seuls émoluments de leurs maris.

Quant aux « fidèles épouses » exerçant cette lucrative industrie, elles sont légion !

MADAME VERNISSEAU

Actuellement âgée de soixante-quatre ans, mafflue, grotesquement accoutrée de toilettes « rococo », elle a une binette de guenon en chaleur.

Ses cheveux, qui devraient être blancs, sont de couleur indécise, bariolée, ayant été teints en noir, d'abord, puis en blond vénitien, — à la mode, — et, de nouveau, en noir, mais il y a longtemps !

Sur son chignon « dégueulasse », — comme dit sa bonne, — elle perche, pour sortir, des chapeaux d'il y a sept ans, ce qui la rend bizarre, ridicule et laide à faire peur.

Mme Vernisseau tint autrefois un « bureau de nourrices ».

Aujourd'hui, veuve sans enfant, n'ayant pas de rentes, elle se procure des ressources assez considérables de la façon ingénieuse, si non correcte, que voici :

Dans l'appartement qu'elle occupe non loin du square Montholon, elle réunit cinq ou six fillettes de douze à quinze ans, jolies, bien bâties, vicieuses, prêtes à toutes besognes secrètes, et que l'on prend, dans le quartier, pour des ouvrières en lingerie fine. (!)

Ces jeunes filles, que Mme Vernisseau recrute on ne sait dans quels taudis, arrivent le matin mal vêtues, chaussées de souliers éculés, ayant vraiment les apparences d'apprenties fort pauvres.

Mais, à « l'atelier », elles se pomponnent, se maquillent, se frisent, chaussent de jolies babouches, se vêtissent de coquets « intérieurs » avant de se mettre, — pour la frime, — à ourler des mouchoirs.

Pourquoi cette transformation inusitée dans les ateliers vrais ?

Voilà : Mme Vernisseau attire chez elle les vieux messieurs aimant... faire joujou avec des petites filles.

Va-t-elle dans la rue faire pstt à ses futurs « amis » ?

Envoie-t-elle l'une ou l'autre de ses « apprenties » sourire aux passants ?

Non ! Mme Vernisseau opère avec plus d'intelligence et de sécurité : elle fait insérer dans les journaux des annonces ainsi conçues, et que comprennent bien les « amateurs » pour qui elles sont faites.

OBJETS D'ART curieux et rares, de toute beauté, à céder à bon marché après revers fortune. S'adresser à la concierge, rue . . , n° . . .

Les visiteurs arrivent, mais il faut agir avec circonspection. A cet effet, Mme Vernisseau a, dans une petite vitrine, quelques bibelots assez jolis, curieux en effet, mais que nul n'a achetés depuis dix ans qu'elle les montre et les offre, avant de parler... d'autre chose.

L'homme, attiré là par l'annonce en question, se moque des bibelots comme du pape; les « objets d'art » qu'il désire sont en effet si curieux, qu'ils savent dire *papa*, *maman*, et il s'empresse de les palper, de les examiner avec une vive curiosité ! Une indicible satisfaction !!

Mme Vernisseau gagne ainsi environ cinq ou six mille francs par an, bien tranquillement.

Quant à ses « ouvrières », à part une bonne nourriture et le plaisir d'être « belles » de 9 heures du matin à 7 heures du soir, elle n'empochent chacune que de douze à quinze francs par semaine, — qu'elles aient ou non *marché*.

MARGUERITE W....

On l'appelle Margot, tout court.

Vingt-deux printemps, taille moyenne, bien en chair, cheveux blond-vénitien, esprit caustique, beauté du diable.

Margot est fort appétissante, mais ne lui parlez pas d'amour, si vous êtes homme, ce serait absolument inutile et vous l'entendriez vous dire, non sans véhémence, « que vous êtes un s... comme tous les hommes ! »

Margot m'a conté sa petite histoire. La voici, pour vous édifier.

A dix-sept ans, elle était vierge et habitait chez ses parents, rue du Remblay, à Bruxelles, — son pays natal.

Un jeune officier belge la séduisit, fut son amant, puis l'ayant mise enceinte, disparut.

Margot fut fort chagrinée, car elle aimait ce garçon dont elle se considérait comme la fiancée.

Au cinquième mois de sa grossesse, que ses parents ignoraient, prise par la honte et ne voulant, pour rien au monde, avouer sa faute, elle quitta sa famille et vint à Paris.

D'abord, elle travailla comme modiste.

En temps voulu elle mit au monde, à l'hôpital, un beau petit garçon.

Rétablie et revenue à sa chambre d'hôtel, elle mit son enfant en nourrice, à Bois-Colombes, puis retourna à l'atelier.

Souvent, des hommes lui avaient fait des propositions — simplement folâtres ou sérieuses, — mais elle les avait tous éconduits, depuis cinq mois, quand un soir, dans un café-concert, une jeune et jolie femme assise près d'elle, lui ayant causé toute la soirée de choses banales, lui dit à la fin :

— Venez me voir demain, vous me ferez plaisir et vous n'en serez pas fâchée.

— Je veux bien, dit Margot, ne connaissant personne à Paris, je suis bien isolée... Donnez-moi votre adresse.

Elle rentra chez elle et, sur la carte qui lui avait été remise, elle lut :

A... DE R...
ARTISTE LYRIQUE

87, rue Fontaine.

Le lendemain, Margot ne manqua pas de se rendre chez cette belle et élégante femme qui s'intéressait à elle.

Elle ne pensait nullement que les suites de cette première visite seraient ce qu'elles furent.

A... de R... la reçut fort aimablement et, vite, lui témoigna la plus grande amitié.

— Je meurs d'ennui toute seule, dit-elle à Margot. Vous me plaisez énormément, voulez-vous être ma compagne et demeurer ici, avec moi ?... Naturellement vous n'aurez aucun frais ; au contraire, je vous donnerai des toilettes et un peu d'argent. Je suis artiste et vous viendrez avec moi au théâtre tant que vous voudrez.

Margot, de joie, en avait les larmes aux yeux.

— Je veux bien, madame, répondit-elle d'une voix sanglotante.

— Eh bien, reprit la chanteuse, allez tout de suite prendre vos affaires, allez, je vous attends ; aujourd'hui même je vous installe chez moi, où vous serez chez vous.

Et Margot ne se fit pas prier, trop heureuse de quitter l'atelier et de devenir la *dame de compagnie* d'une actrice jolie, richement installée et tout à fait charmante.

Ce n'est que dans un *ouvrage érotique* que je pourrais raconter ce qui se passa dès lors entre les deux amies, car l'affection de l'artiste pour la gen-

Voir se bécotter deux amants,
C'est spectacle des plus charmants.

tille petite Belge était tout ce qu'il y a de plus *spéciale*.

Margot ne s'en formalisa point et sa liaison dura un peu plus d'un an, durant lequel elle fut choyée, *adorée*, parfaitement heureuse.

Une amie de A... de R..., s'étant à son tour sentie un faible pour Margot, et celle-ci lui ayant fait un trop bon accueil, l'actrice, jalouse et froissée, renvoya sa compagne et ne voulut jamais la revoir.

L'amie, cause de la séparation, ne pouvait pas agir envers Margot aussi généreusement que la chanteuse, ses ressources étant médiocres. D'ailleurs, son béguin ne dura que quelques jours.

Alors, Margot, qui avait des costumes, des bijoux et des économies, s'établit... *marcheuse;* mais, n'oubliant pas qu'un homme l'avait « plaquée » au moment où elle allait être mère, dégoûtée du sexe barbu, elle ne fréquente que des femmes, et, faisant trafic de ses charmes, ce n'est qu'aux femmes, toujours, qu'elle offre ses baisers et ses caresses.

Il faut croire que la clientèle féminine n'est pas rare, puisque Margot joint facilement les deux bouts, selon la formule consacrée, et qu'elle se déclare heureuse de son sort.

Joyeuse et contente, elle fredonne constamment :

> Tous les hommes sont des cochons,
> La faridondaine,
> La faridondon !

ALICE LA TATOUÉE

Fille soumise, Alice, qui n'a pas vingt-cinq ans, se prostitua dès l'âge de douze ans.

Elle n'en avait pas treize encore, quand un de ses clients, ayant cessé de lui convenir, fut assommé et jeté à l'eau par deux ou trois apprentis apaches, tous amants d'Alice, que celle-ci dominait, et qui, pour lui plaire, eussent assassiné leurs propres parents.

Le bonhomme fut repêché et ne mourut pas de ses blessures.

Depuis, Alice est fort connue à Paris, surtout dans le quartier de la Bastille où elle exploite... son industrie.

Sa physionomie est plutôt agréable, mais les amateurs de formes sveltes la trouvent trop grosse pour son âge, — elle est, en effet, presque énorme, — il y a, comme on dit, du pelotage à la clé.

Or, Alice n'est pas célèbre par sa beauté, mais par les nombreux tatouages de son corps, — de là son sobriquet : *La Tatouée.*

Tatouages pas mal exécutés, mais ne revêtant pas un caractère très artistique.

Alice possède deux tétons d'un volume plutôt excessif.

Sur l'un, on lit : « Vive le Pernod et le bon vin ! »

Sur l'autre, on voit un cœur percé d'une flèche, puis cette inscription : « A X..., pour la vie ».

Le bras gauche d'Alice est orné (?) d'un tombeau et de cyprès.

Le bras droit est tout recouvert de fleurs.

Les cuisses et les mollets de cette charmante personne sont également agrémentés de tatouages, qu'elle vous montrera sans se faire prier, rien que pour une absinthe que vous lui offrirez dans l'un des bars qu'elle fréquente, et où on l'appelle aussi Alice de la Bastoche.

ROLANDE LA GÉOGRAPHE

Ses yeux pétillants, ses dents éclatantes, sa chevelure noire tout ébouriffée, son espièglerie et la fermeté de ses nichons en font une créature tout à fait charmante.

Une fantaisie géographique, dont elle se fait un jeu perpétuel, lui a valu le sobriquet — probablement unique — de *La Géographe*.

Voici en quoi consiste cet amusement qui a le don de la faire beaucoup rire et auquel elle ne manquera pas de vous initier, si vous la rencontrez au promenoir de quelque music-hall.

Rolande vous présente une feuille de papier sur laquelle elle a écrit des noms de villes dans l'ordre ci-dessous :

Issy
Lombez
Montcuq
Sens
Argent

— J'ai oublié, vous dit-elle, dans quels départements se trouvent ces cinq pays, vous serez bien gentil, si vous me les inscrivez.

Alors, vous faites un petit effort de mémoire, puis vous remettez à Rolande, — qui rigole, — sa liste exactement complétée et à laquelle il n'y a rien à redire :

Villes	Départements
—	—
ISSY	Seine
LOMBEZ	Gers
MONTCUQ.	Lot
SENS	Yonne
ARGENT	Cher

Toutefois, n'allez pas vous imaginer, après avoir causé l'hilarité de la gentille Rolande, qu'elle est *désintéressée* et que c'est pour vos beaux yeux seulement qu'elle vous a fait jouir... d'une soirée agréable.

Rolande est, avant tout, *pognoniste :*

— Je veux, dit-elle, avoir « *le sac* » à trente-cinq ans, au plus tard; or, il faut que je me débrouille, n'ayant plus que onze ans à « *travailler* »!

MARIE BELLES MIRETTES

Belles mirettes, cela veut dire : beaux yeux.

Marie, pourtant, n'en a plus qu'un, car elle est borgne, et celui qui lui reste, petit, renfoncé, chassieux, presque éteint, ne justifie pas le sobriquet qui lui fut donné, — par dérision.

Marie est une des plus âgées parmi les prostituées de bas étage, elle a soixante-sept ans sonnés et exerce depuis cinquante-trois ans! Elle avait donc à peu près quatorze ans quand elle débuta sur le Trottoir.

Quand on aperçoit cette vieille usée, ridée, ratatinée, renfrognée, on pense : Tiens! un cadavre ambulant!

Vous la regardez avec pitié, la prenant d'abord pour une mendiante, et vous restez ébahi, quand, souriant, — oh! ce sourire ignoble et douloureux! — elle vous demande :

— Venez-vous me *voir*, monsieur?

On suppose que, pour vivoter, elle dévalise les ouvriers ivres qu'elle réussit à « embarquer » dans son taudis, car, enfin, si peu que ce soit, il faut bien qu'elle mange. Ce qui est certain, c'est qu'elle boit, et beaucoup : Marie est saoûle toute l'année!

Elle ne raccroche pas toujours au même endroit. Méchante, querelleuse, elle se fait chasser de tous les hôtels borgnes où elle habite. Alors, errant d'un quartier à l'autre, c'est aux environs de son domicile du moment qu'elle balade sa pauvre carcasse couverte de hardes sordides, et reluque les hommes de son unique « mirette ».

Marie n'a pas peur, — ou, peut-être, se croit-elle encore désirable, — puisque, malgré sa décrépitude et sa saleté repoussante, elle s'adresse aussi bien à un élégant qu'à un *ouverrerier* endimanché.

Si ce croquis de Marie vous fait la désirer, vous la rencontrerez, titubant et gueulant, aux alentours de l'hôpital Bichat. C'est par là qu'elle gîte, actuellement.

JULIA DES TERNES

Celle-ci a une façon d'exercer sa profession de dame galante qui sort de l'ordinaire.

Le matin, à neuf heures, coquettement, mais très simplement attifée, tête nue, ayant l'air d'une ouvrière, elle trottine de la place des Ternes à l'Etoile, de l'Etoile à la Porte-Maillot, de la Porte-Maillot à la place Wagram, près de laquelle elle habite, au sixième, une seule chambre fort gentiment arrangée.

« De neuf à onze heures, m'a-t-elle dit, beaucoup de rentiers, dans ce quartier-là, font un petit tour, histoire de faire pisser leurs chiens ; je passe tranquillement près d'eux, sans rien dire, mon paquet à la main, retroussée, pour qu'ils voient bien mon mollet aguichant.

« C'est rare que je ne « fasse » pas un ou deux types, qui me prennent pour une ouvrière, une sainte-nitouche, car il y en a beaucoup qui pensent... à l'amour à ce moment-là.

« Vers onze heures, si je ne suis pas avec un type, je change d'allure.

« Je rentre chez moi et redescends transformée en boniche : petit bonnet coquet, tablier blanc, panier, rien n'y manque.

« Jusqu'à midi et demi je viens, vais, tourne et vire auprès des épiceries, où vont se promener des vieux, amateurs de bonnes. Ceux-là, ce n'est pas la figure qui les excite, ni le mollet, c'est le tablier blanc. Quels fourneaux !

« L'après-midi, après avoir bien déjeuné, je sors en grande tenue, comme une duchesse, et je me rends à un rendez-vous, ou bien, si je n'en ai pas, je me fixe un but, — le Louvre, par exemple, — et me voilà partie, trottinant, sans avoir l'air de ce que je suis, et ne regardant jamais un homme.

« Eh bien, de cette façon, je « fais » plus de types que si je reluquais et faisais de l'œil.

« Je ne me plains pas, j'ai assez de chance et gagne largement ma vie. »

Julia a toutes les allures d'une bonne bourgeoise bien tranquille. En elle, rien de tapageur, mais rien non plus de désagréable. Bien élevée, polie, un monsieur correct peut l'emmener n'importe où, jamais on ne croira qu'il trimbale une femme à michés.

Elle met de l'argent de côté, car elle ne se paie pas de béguins. Elle ne fréquente aucune femme, ne reçoit personne chez elle et, seule, sa concierge sait quelles sont ses ressources pour vivre.

Le soir, après dîner, si elle n'est pas « prise » par un monsieur, elle ne sort pas, elle se couche de bonne heure, afin d'être fraîche, d'avoir une bonne mine le lendemain matin.

Bonne fille, Julia envoie régulièrement trente francs par mois à sa mère, paysanne des environs de Troyes.

Nous devrions être chaussées gratuitement, nous qui, arpentant sans cesse les trottoirs, usons beaucoup de semelles et faisons ainsi aller le commerce des cuirs.

4.

— Ce métier me dégoûte, affirme-t-elle, mais que faire ? Travailler en atelier, crever de faim, tirer le diable par la queue ! Ah ! non !... Je ne fais de mal à personne, — et ceux qui ne sont pas contents n'ont qu'à me donner des rentes, alors je ne *truquerai* plus !

Comme tant d'autres, Julia, avant de devenir *chair à plaisir*, fut domestique, et elle montre avec une certaine fierté des certificats — légalisés — qui, tous, font son éloge.

Tiens ! au fait, pourquoi ne délivrerait-onpas, aux *pécheresses*, des certificats de bonne conduite ? Quelques-unes, comme Julia, seraient dignes de l'obtenir. Profession à part, beaucoup de ces femmes se comportent bien mieux que certaines femmes soi-disant honnêtes et qui, en réalité, ne sont que de très vulgaires garces.

LA PETITE SUZETTE

Elle n'a pas douze ans, mais, déjà, ses appas naissants et sa frimousse effrontée la rendent intéressante.

Nul homme ne l'a encore possédée, mais il est fort probable qu'elle ne tardera pas à devenir la proie de quelque ogre n'aimant que la chair fraîche, car sa mère, — bonne éducatrice (!) — l'a, depuis longtemps, dressée au racolage.

Suzette, qui fréquente avec assiduité l'école

communale, n'a plus de père, — elle en eut un légitime, qui mourut, voilà cinq ans.

Sa mère tient, dans le XVIIe arrondissement, une petite boutique de papeterie-journaux, qui ne lui rapporte guère.

Afin de grossir ses ressources, cette veuve a imaginé un truc que je vais vous expliquer.

Encore belle, gracieuse, aimable, elle sait se rendre sympathique à celles de ses clientes qui sont jeunes et gentilles.

Elle leur parle, habilement, de choses qui font rire et provoquent les confidences.

Apprend-elle qu'une jeune fille a un amoureux et que celui-ci lui écrit poste restante, elle lui dit gentiment :

— Je me mets à votre disposition pour recevoir votre correspondance ; ne vous gênez pas, faites adresser vos lettres ici, cela vous évitera des dérangements.

La mère de Suzette a de cette façon attiré dans sa boutique une quinzaine de fillettes de quatorze à vingt ans, qui, naturellement, en échange de ses bons offices, sont des clientes fidèles et se servent chez elle de tout ce dont elles ont besoin en papeterie, journaux, mercerie.

Mais que fait Suzette ?

Coquettement attifée, elle va jouer au square, soit aux Batignolles, soit aux Epinettes, soit au Parc-Monceau, le jeudi.

Il y a toujours, dans les squares, des *vieux mar-*

cheurs admirant les belles petites, dont les mollets, bien tournés et nus, entretiennent la concupiscence.

Suzette, instruite par sa mère, sourit aux messieurs, — aux bien mis seulement, — et répond de bonne grâce à ceux qui lui adressent la parole.

Elle sait même provoquer les propos scabreux de ceux qui ne sont pas prompts à exprimer leurs désirs.

Enfin, quand elle ne doute plus des intentions d'un « bonhomme », — comme elle dit, — elle lui laisse croire qu'il... *l'aura* et lui donne son adresse, l'assurant qu'à tel moment sa mère sera absente et qu'il pourra venir en toute sécurité.

Alléché, le type ne manque pas le rendez-vous.

Suzette le reçoit et l'introduit au fond, dans l'arrière-boutique.

On se dit bonjour, on s'embrasse, et les privautés vont commencer.

Mais voilà que la mère arrive tout à coup.

— Petite polissonne! dit-elle à sa fille, veux-tu te sauver!

Suzette, sans dire un mot, s'éloigne. Elle va jouer dehors, essayer de « faire » un vieux!

Alors, la mère parle ainsi au vieillard, qui se demande comment va tourner l'aventure :

— Ne craignez rien, monsieur. Ma fille est une petite vicieuse, et, si j'étais un homme, je me laisserais comme un autre prendre à ses... gamineries.

— Madame... chuchotte le vieux, mais la maman l'interrompt :

— Je suis veuve, monsieur, et, toute seule, il m'est difficile de surveiller cette enfant...

— Ah ! vous êtes veuve, reprend l'amoureux, c'est dommage... — mais vous êtes jeune, — et jolie — vous vous remariez...

Bref, la maline mère s'arrange si bien que l'homme devient son ami et que chacune de ses... visites, par la suite, lui revient à cinq, dix ou vingt francs, selon ses moyens.

Suzette étant fort gracieuse et faisant son petit truc avec intelligence, sa mère encaisse par ce moyen, bon an mal an, environ trois mille francs.

Voilà une « douce maman » qui ne pourra pas s'étonner, dans quelques années, de la dépravation de son héritière.

Et les petites filles, élèves, comme Suzette, de leurs propres mères, pullulent dans la Ville-Lumière !

Ce qui prouve que les pires prostituées ne se trouvent pas toujours parmi les *filles soumises*.

ROSA

Elle a quelque chose d'un peu dur dans l'ensemble de la physionomie, quand elle ne parle pas.

Mais, dans la conversation, son visage s'anime,

ses yeux brillent, son rire éclate. Alors, elle devient jolie.

Si son minois n'est que gentil, en revanche ses jambes et ses nichons sont admirables.

Beaucoup de femmes perdent à se déshabiller. C'est le contraire pour Rosa, qui, nue, serait la plus belle entre mille.

Elle « fait » les cafés, les restaurants de nuit, et, sachant que ce n'est pas sa figure qui, au premier abord, aguichera l'amoureux, elle sait se vêtir de façon à ce que ses formes magnifiques n'échappent point aux regards lascifs des noctambules.

Très amusante en société, Rosa, par sa verve endiablée et ses propos joyeux, se rend très séduisante.

Il est rare qu'elle rentre bredouille, c'est-à-dire sans un monsieur qu'elle a su ensorceler.

Toutefois, si un miché d'occasion lui manque, son escarcelle n'en souffre pas trop, car elle a des « habitués » qui subviennent grandement à tous ses besoins.

L'un de ces derniers, vieillard de soixante-dix ans, vient passer une heure avec Rosa tous les jeudis. Chaque fois, il lui apporte un petit cadeau; soit un bibelot d'étagère, soit des mouchoirs finement ourlés, soit un bijou, — ce qui ne l'empêche pas, quand il s'en va, de lui remettre avec délicatesse un beau louis pour prix de ses complaisances.

Cet « amant » fidèle, — il y a plus de cinq ans

que son béguin pour Rosa dure, — a de douces manies.

Dès qu'il arrive, il se met nu complètement, et Rosa lui fourre, en guise de canule, le manche d'un petit plumeau multicolore.

Alors, le vieux, à quatre pattes, fait vingt fois le tour de la chambre, — les plumes de toutes couleurs lui faisant comme un panache, — tandis que Rosa feint de le poursuivre, en criant :

« Cocorico !... Cocorico !... Oh ! le beau coq... Oh ! le beau coq ! »

Cette petite comédie, plus amusante que fatigante pour Rosa, à vingt francs le cachet, n'est pas à dédaigner.

Il paraît que cet amateur éprouve, à s'entendre appeler beau coq, une jouissance inexprimable, qu'il ne demande rien de plus et s'en va joyeux, satisfait, en disant : « Mignonne, à jeudi ! »

Un autre ami de Rosa ne vient la voir, chaque mois, qu'au moment de ses .... !

Celui-là est un étrange gourmet, qui donne sans sourciller un billet de cinquante francs pour se régaler d'une sauce qu'il aime !

« La sauce, — dit-on, — fait avaler le poisson ; » donc, si l'on avale l'un et l'autre, on *avale tout.*

Il y a bien un individu qui, dans les cafés, mange des verres cassés et boit du pétrole ! — et l'on paie un franc pour assister à ce curieux repas !

Chacun son goût !

ANTONIA

Si vous avez le spleen, voyez Antonia, elle vous guérira, sa bonne humeur est inaltérable et sa verve intarissable.

Si je t'aime bien, mon Hector,
Que m'apporteras-tu z'encor?

Elle aime surtout à raconter ses débuts « dans la rigolade », et voici, sténographiée, son histoire, telle qu'elle me la raconta.

« J'avais à peine treize « piges » quand maman

me mit en apprentissage, chez une couturière, rue de Lafayette.

« Un jour, ma patronne, une sale garce qui gueulait tout le temps, m'envoya porter une jaquette à une cliente qui perchait là-bas, là-bas, au bout du monde, dans le fond du fond de Passy.

« Je trottinais, allant prendre le train à la gare Saint-Lago, quand voilà que je rencontre M. Eugène, un placier qui venait souvent à la boîte.

« Bonjour, Antonia, qu'il me dit, où vas-tu donc, si vite?

« Je lui explique tout le machin, et il se met à me faire un discours : qu'il va par là aussi, qu'il va prendre une voiture et qu'il m'emmènera si je veux.

« J'étais môme, je ne pensais à rien, et je lui dis : Je veux bien, ça m'économisera des sous.

« Alors, bon, nous voilà en sapin, je faisais ma baronne, j'étais fière, allez, je crois bien que j'étai pour la première fois de ma vie dans un fiacre.

« M. Eugène me disait que j'étais gentille, qu'il m'aimait bien, un tas de chichis, quoi !

« Tout ça, ça ne mord pas, je m'en fichais comme de l'an quarante, mais où je l'ai trouvée verte, c'est quand il s'est mis à me peloter les mollets, — j'avais une robe courte, bien entendu, — alors, je lui dis : Non, laissez-moi, je le dirai à Mme L.... — c'était le nom de ma patronne.

« Au lieu d'avoir le trac et de me laisser tranquille, ce sale type-là essayait de passer sa main plus haut, et moi, je serrais les jambes tant que je pouvais et je criais : Cocher, arrêtez !... arrêtez !...

« Mais, je t'en fiche ! le cheval trottait plus fort, et le cocher devait être sourd : la guimbarde roulait toujours !

« Alors, à un moment donné, dans une rue étroite, où les gens qui marchaient sur le trottoir touchaient presque la portière, je me mis à hurler : Arrêtez donc !... arrêtez, voyons !

« Enfin, voilà le sapin arrêté. Le type, tout rouge — moi aussi — descend et, tandis que des gens qui avaient entendu crier s'arrêtaient autour de lui, moi je me trotte en courant droit devant moi.

« Quel sale coup, vous allez voir. Après avoir couru pendant cinq ou six minutes, je m'aperçois que j'avais laissé la jaquette dans le fiacre. Zut !..,

« Je reviens sur mes pas, mais M. Eugène devait être loin, et le fiacre idem !

« Je me mets à pleurer comme une vache qui a perdu son veau, et, n'osant pas retourner chez ma patronne, je rentre chez nous, à l'heure habituelle, après avoir traîné mes guêtres pendant quatre heures dans les rues.

« Naturellement, je ne dis rien à maman. On dîne et on se couche. Je ne dors pas de la nuit. Mais, avant de parler de la nuit, parlons de la soirée. Chez nous on se couchait après la soupe, vers neuf heures.

« Il n'y avait pas dix minutes que nous étions tous couchés, quand : toc, toc, toc ! on frappe à la porte.

« — Qui est là ? demande papa.

« — Moi, madame L...

« Papa ouvre, en liquette, oh ! ça ne le gênait pas, lui, et voilà ma patronne qui débite son chapelet :

« Est-ce qu'Antonia est rentrée ?... Figurez-vous qu'elle est partie à deux heures pour porter une jaquette à Passy, elle avait de l'argent pour prendre le train, et je ne l'ai pas revue !

« Là-dessus maman me fait sortir du plume et m'amène en chemise, pieds nus, devant ma patronne, qui me réclame tout de suite sa jaquette.

« Je bafouille je ne sais quoi, — un tas de blagues qui ne tiennent pas debout, — et je finis par pleurer comme une Madeleine.

« Enfin, dit papa, est-ce que tu vas t'expliquer, n. de D. ! Qu'est-ce que tu as fait ? Où est la jaquette de Mme L... ?

« Je faisais une poire à p... dessus ! Enfin j'ouvre le bec et je raconte la vérité : le type, le sapin, l'engueulade, l'oubli de la sacrée jaquette... Tableau !

« Maman m'empoigne, relève ma chemise, et, devant tout le monde, me tape dardare sur les fesses,

« Ça ne faisait pas le compte de la patronne, qui hurlait : Ma jaquette, je veux ma jaquette ! Un vêtement de cent trente francs, si c'est possible, oh ! petite gueuse !

« Enfin, elle s'en va, en disant que ça ne se passerait pas comme ça.

« Toute la nuit, je ne dors pas, je pense à l'aventure, au pelotage du bonhomme, à ce qui allait se passer le lendemain.

« Après le café au lait, maman m'empoigne par la main et nous voilà parties en courant chez ma patronne, qui nous explique qu'elle vient d'envoyer une dépêche à M. Eugène, qu'il saura peut-être le numéro du fiacre, et patati et patata.

« Maman dit : Moi, je vais aller faire une réclamation à l'Administration, — et la voilà partie.

« On me donne à coudre en attendant que M. Eugène et maman arrivent.

« C'est maman qui est revenue la première.

« Un peu avant midi — maman était encore là, — voilà mon peloteur qui s'amène. C'est le bouquet ! Oh ! le salop !...

« Mme L... lui reproche de m'avoir emmenée en fiacre et d'avoir voulu abuser de mon innocence — oh ! ma chère ! — Maman l'engueule aussi, mais il rigole et jure ses grands dieux que j'ai été hallucinée, qu'il ne m'a pas rencontrée, qu'il ne m'a pas trimbalée en voiture et qu'il n'a pas touché mes molletons !

« Je me suis rebiffée, naturellement, j'ai crié, trépigné, mais on ne m'a pas crue et ce cochon-là s'est en allé avec les plates excuses des deux bonnes femmes qui m'agonisaient de sottises !.....

« Bref, M. Eugène passait pour un saint; le cocher ne rapportait pas la jaquette aux « objets perdus » et moi, qui n'avais pas *marché*, on me traitait de petite catin et on me flanquait des beignes !...

« Trois ou quatre jours après, un dimanche matin, papa me dit :

« Puisque tu fais la garce, à quatorze ans; que tu te fais chahuter en voiture par des cocos; que tu me mets dans le pétrin en me faisant payer les jaquettes de cent trente balles que tu perds — ou que tu vends pour faire la bombe, — je vais te mettre en correction, pour t'apprendre à vivre.

« Alors, moi, voyant qu'on ne voulait décidément pas me croire, je réponds :

« Je m'en f... ! j'aime mieux être en prison que dans votre sale turne !

« Là-dessus, v'lan ! je reçois une bonne gifle et je passe toute la journaille sans boulotter.

« Le lendemain matin, papa m'a emmenée du côté du Panthéon, dans une cambuse où il y avait bien cent cinquante gosses comme moi et des bonnes sœurs pour les surveiller et les faire turbiner.

« Je n'étais pas là depuis une heure que j'étais déjà en train de repasser des chemises d'hommes.

« Ah ! ce qu'on se tordait à l'atelier !...

« On s'en racontait des vertes et des pas mûres ! Dans les plis des liquettes, avec un crayon, on écrivait : Je t'aime! ou bien : A toi mon cœur! On y mettait même des phrases assez dégoûtantes.

« Je suis restée là dedans six mois, — ce qui n'a jamais fait revenir la fameuse jaquette, ni fait avouer la vérité à ce salop d'Eugène.

« Mon père croit encore que je m'étais baladée avec un amant, mais je m'en f..., maintenant, je fais ce qui me plaît, et quand il m'em..., je l'envoie au bain, et allez donc! Vive la joie!... »

Les aventures d'Antonia rempliraient un volume, et, en son jargon faubourien, elles vaudraient bien les histoires banales que certains feuilletonnistes content longuement, à grand renfort de phrases aussi creuses que ronflantes.

Antonia est réellement belle et pourrait donner des leçons de maintien à beaucoup de belles madames du monde *entier*, elle qui n'appartient qu'au *demi*-monde.

Vous la rencontrerez partout où l'on s'amuse franchement, partout où l'on ne craint pas d'être défrisé par le rire, et vous lui vouerez tout de suite une sincère sympathie.

LA MIGNARDE

On l'appelle, en riant, Joséphine, ou Anastasie, ou Cunégonde, mais nul n'a jamais su au juste son nom.

Elle est connue, depuis deux ou trois ans, à la

porte Champerret, sous le surnom de *la Mignarde.*

Elle a quinze ans, affirme-t-elle, mais n'en paraît pas plus de neuf ou dix.

Figure de singe gracieux ; mal peignée, quand je la vis et « l'interwievai », elle était pittoresquement (?) vêtue d'une jupe trop longue, retenue par au moins vingt épingles ; d'un veston d'homme dans lequel huit mignardes seraient entrées, et ses petits pieds nus et crasseux ballottaient dans d'immenses bottines masculines qui durent être superbes... sept ans auparavant.

Sous la jupe et le veston, la Mignarde n'avait ni chemise ni jupon.

Ses mains, toutes petites, étaient comme recouvertes d'une couche de Ripolin noir.

Je lui demandai :

— Où demeures-tu ?

Alors, elle étendit le bras et dit :

— Là-bas !

Du talus des fortifs, nous apercevions les toits de Levallois.

— Ton père, qu'est-ce qu'il fait ?

— Rien !

Elle éclata de rire, et je vis qu'elle avait des dents admirables.

Avant de m'éloigner, je lui offrais une piécette, quand elle me demanda !

— Avez-vous une cigarette ?

Je lui donnai du tabac. Elle avait du papier.

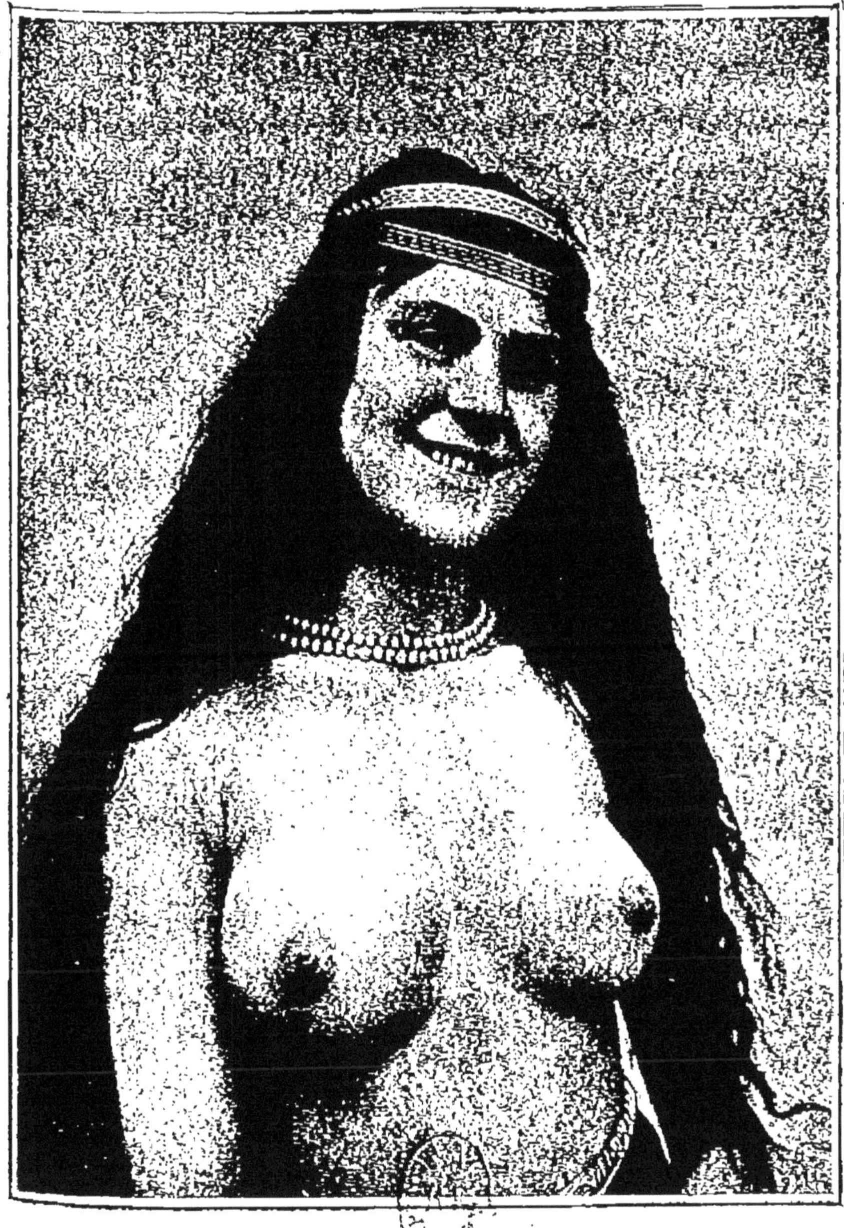

Ceux qui n'en ont jamais assez disent que j'ai des « œufs sur le plat ». Je m'en f... iche, puisque ce sont... des œufs d'autruche.

Elle se fit — vite et bien — une énorme « sibiche » et l'alluma à mon cigare.

Je partis. Je n'avais pas fait dix pas dans l'avenue de Villiers — notez qu'il était trois heures de l'après-midi — que la Mignarde, m'ayant rattrapé, et marchant devant moi à reculons, me dit en clignant de l'œil :

— Alors, vous ne voulez pas ?

Je compris que cette pauvre petite, quand je l'avais interrogée, s'était mis dans la tête que j'allais avoir recours à... ses bons offices !

Un ornithorinque en rût n'en eût pas voulu !

J'allongeai le pas et la laissai en plan, le cœur soulevé.

LA MOME CARO DU SÉBASTO

Môme Caro, en l'argot des apaches, cela veut dire : Mlle Caroline.

Du Sébasto (même idiome) signifie : du boulevard de Sébastopol.

La môme Caro, en effet, était uue fille de joie qui exerçait son utile, si non noble profession, sur ce boulevard où les « pierreuses » à toute heure se comptent par centaines.

C'est son histoire, réelle mais succincte, que je vais vous conter, n'inventant rien, ne me référant qu'à des documents irréfutables.

Caroline Messaoud naquit à Paris (Villette) d'un

père Arabe francisé — je ne dis pas naturalisé — et d'une mère Picarde.

A l'époque de sa naissance, ses parents étaient en proie à la plus horrible misère.

Messaoud, qui s'était réfugié dans la capitale après avoir commis pas mal de méfaits dans les environs de Constantine, était un véritable brigand, ne vivant — plutôt mal — que de vols et de rapines.

Il buvait comme quatre et se saoûlait chaque jour, trouvant toujours de l'argent pour le « bistro » sinon pour le boulanger.

Sa femme — à la colle — ne valait guère mieux.

Pour vivoter, elle faisait des ménages, des lessives ou se prostituait et, comme elle ne buvait pas moins que son compagnon, le buffet était plus souvent vide que plein.

La prime enfance de Caroline fut donc fort misérable.

Le lait de sa mère alcoolique ne constituait nullement une nourriture saine ni abondante, car la Picarde buvait plus d'absinthes qu'elle ne mangeait de bifteacks !

Les Messaoud étaient logés, derrière les buttes Chaumont, dans un taudis infect qu'ils ne nettoyaient jamais. Une pièce unique leur servait de logement.

Caroline, en grandissant, était témoin de leurs beuveries, de leurs orgies et des « passes » que faisait sa mère, dans son propre logis, avec le premier venu, pour quelques sous!

Aussi, avant sa huitième année, Caroline était-elle déjà une gamine vicieuse, n'ayant plus grand' chose à apprendre, — en matière de vice.

Sa mère, d'ailleurs, s'en réjouissait ainsi que Messaoud, car, à l'occasion, ils la laissaient volontiers en tête à tête avec un type quelconque dont les deux ou trois francs qu'ils exigeaient dans ce cas leur permettait, le soir venu, de faire bonne figure... chez le marchand de vin!

A l'école, Caroline n'y alla jamais. C'est elle qui préparait les repas, composés de quelques rogatons; qui balayait, — si peu! — qui lavait le linge, — oh! rarement!

La mère flânait, buvait ou se battait avec son homme.

Jusqu'à douze ou treize ans, Caroline vécut ainsi, prenant elle-même déjà beaucoup de goût aux multiples libations, à la débauche, à la prostitution.

La même année (189...), Messaoud fut condamné à dix années de réclusion pour vol avec effraction et peu après sa compagne, Marie F..., mourut d'une pneumonie, trois semaines après son admission à l'hôpital.

Caroline, à treize ans, se trouve seule et libre, ne se connaissant aucun parent, ne sachant à qui réclamer aide et assistance.

Ne croyez pas qu'elle fut en peine pour cela. Elle n'aimait pas les êtres ignobles qui lui avaient donné le jour. Leur disparition la laissait maîtresse d'elle-même, c'est tout ce qu'elle désirait.

— Bah ! dit-elle joyeuse, *on* va rigoler !

Elle avait fait connaissance dans le quartier d'une dizaine de *raccrocheuses* dont elle enviait le *far niente*, les bottines jaunes à hauts talons, les jupes « trotteuses », les chignons frisés et enrubannés, les repas somptueux pour elle — pauvre affamée — qu'elle leur voyait avaler gloutonnement à la gargotte.

Elle leur raconta la mort de sa mère, la condamnation de Messaoud et leur demanda conseil.

La grande Irma-la-Rouquine lui dit :

— Tu «*travailleras*» avec nous. Tu es *gironde*, tu es gosse, tu feras de l'or.

— Pour sûr ! appuya Georgette-la-Grêlée, et si j'avais une gueule comme la tienne, je voudrais être rupine.

La môme Rigolette, de la Courtille, qui faisait les yeux doux à Caroline pendant que ses camarades donnaient leurs avis, dit à son tour :

— Reste avec moi la Mignarde, tu ne t'embêteras pas, et nous nous dégrouillerons, tu verras.

Caroline acquiesça et dès ce moment elle fut l'*amie* de Rigolette, c'est-à-dire qu'elles vécurent ensemble, formant ce que, dans ce monde spécial, on appelle un «*petit ménage* », et ne fréquentèrent les hommes que pour les profits qu'elles en tiraient. De leurs plaisirs charnels, les hommes étaient exclus!

L'association Rigolette-Caro — maintenant il faut dire Caro, c'est Rigolette qui l'a voulu — dura environ trois ans, puis Caro se laissa séduire par les belles rouflaquettes d'un *souteneur*, qui l'enleva et lui assigna pour *travailler* le boulevard de Sébastopol, — *le Sébasto.*

L'amant de Caro, Léon P..., était connu, parmi les apaches, sous le « *blase* » — sobriquet — de Léon-la-Fleur, parce qu'il avait été autrefois le commis d'un fleuriste aux Halles.

Assez beau garçon, teigne, canaille, il battait ses femmes avec la dernière cruauté quand les « affaires » allaient mal et qu'il ne palpait que peu « *d'aubert* » (argent). Caro, malgré sa jeunesse, sa gentillesse, ne le rendit pas plus tendre.

Bientôt, elle eût le désir de s'enfuir, de « *plaquer* » le brutal, ce tyran qui la torturait réellement et la privait même de « *croustille* » — nourriture — afin d'avoir toujours assez de *pognon* pour ses plaisirs crapuleux.

Mais Léon-la-Fleur ne l'entendait pas ainsi :

— Ah! tu veux te cavaler, lui dit-il un jour, ne fais pas ce coup-là, tu sais, la môme, sans ça je t'occis tout de suite! Si tu ne veux pas crounir, — mourir, — turbine bien et apporte beaucoup de *galette* à ton petit nonomme chéri ; tiens, en attendant, voilà un petit acompte, ça t'apprendra à te foutre de ma fiole !

Ce disant, il lui flanque trois ou quatre formidables coups de poing en pleine figure.

Terrorisée, Caro n'osa plus parler de partir, et la crainte la retint près de ce bandit qui, non content de manger tous les gains de sa *poule*, était affilié à une bande de cambrioleurs.

Pourtant, n'y pouvant plus tenir, un jour, Caro disparut.

Elle s'était fait admettre, sous les auspices d'un *marchand de viande* (1), dans un lupanar, à l'aide d'un faux état civil, car elle était mineure.

Là, — c'était près de l'Ecole militaire, — elle se croyait en sûreté, à l'abri de Léon, qui, maintes fois, lui avait dit : « Je te tuerai », et elle coulait des jours tranquilles, — c'était le bonheur !

Or, Léon-la-Fleur avait juré qu'il retrouverait Caro et la « *sionnerait* » jusqu'à crevaison !

La jeune prostituée était depuis cinq ou six semaines seulement pensionnaire très demandée du gros 37, quand, un soir, parmi quatre *clients* qui entraient, elle eut la désagréable surprise d'apercevoir son ancien amant.

Elle voulut se sauver, se cacher dans sa chambre, prévenir le « *patron* ».

Elle n'en eut pas le temps.

1. Homme pratiquant la traite des Blanches.

D'un bond, Léon fut près d'elle, et, en un clin d'œil, lui planta en pleine poitrine une lame longue de dix centimètres au moins.

Caro poussa un cri strident et s'affaissa.

Puisque je vous fais les yeux doux,
Ne ratez pas le rendez-vous.

Léon s'enfuyait, son exploit accompli, mais des militaires qui se trouvaient là s'en emparèrent et le remirent entre les mains d'agents requis par la *sous-maîtresse*.

Tandis que les dames de l'établissement donnaient des soins à Caro évanouie, Léon était écroué au poste et ses amis disparaissaient.

La blessure était grave, mais non mortelle, et Caro, quinze jours après l'avoir reçue, sortait bien guérie de l'hôpital Necker.

Le lendemain, elle était convoquée chez le juge d'instruction, où elle était confrontée avec le meurtrier, inculpé de tentative d'assassinat, de blessures volontaires, de vagabondage spécial, etc.

Caro dit tout au juge : les coups reçus autrefois ; les menaces de mort ; la blessure ; la préméditation indéniable.

Peu de temps après, le souteneur fut condamné par la Cour d'assises à vingt ans de travaux forcés.

Débarrassée de son bourreau, Caro ne rentra pas au « *Boxon* », mais se joignit de nouveau aux *retapeuses* du Sébasto.

Un autre souteneur devint son maître. Moins brutal que Léon, Raoul D..., dit Loulou-le-Frisé, exigeait également qu'elle lui rapportât au moins deux *thunes* par jour, — dix francs, — et quand elle manquait à cette obligation, elle n'était pas privée... de quelques horions !

Le désir de satisfaire aux exigences de son homme suggéra à Caro l'idée de dévaliser ses *clients*.

Maintes fois, elle réussit à s'emparer de montres, de portefeuilles contenant des valeurs, de porte-monnaie plus ou moins garnis, et une longue impunité lui ayant donné de la hardiesse, elle volait avec sérénité, sans se méfier du danger.

Un jour, un client qu'elle avait « *entôlé* », se moquant du qu'en dira-t-on, la fit arrêter et, à son tour, Caro fut condamnée. Treize mois de prison fut la peine qu'on lui infligea.

Les prisonniers — de l'un ou l'autre sexe — sont rares qui s'amendent.

Caro, en sortant de prison, était parvenue, si l'on peut dire, à la perfection dans le vice.

Durant sa détention en Maison Centrale, elle s'était adonnée, avec furia, aux pratiques lesbiennes, ce que, malgré la surveillance, on ne peut empêcher tout à fait dans les prisons, et, rendue à la liberté, c'est avec une femme, ayant les mêmes goûts et se prostituant également, qu'elle s'acoquina.

Sa nouvelle amie s'appelait Jeanne-la-Grosse, c'était une forte gaillarde de physionomie agréable, jalouse et impérieuse.

Souvent, entre les deux femmes, éclataient des scènes épouvantables, Jeanne ne pouvant supporter que Caro fût aimable avec des *copines* du Trottoir.

Un sourire, un bock offert ou accepté, une minute d'entretien suffisaient pour faire naître la suspicion, et il s'ensuivait des querelles sans fin.

Néanmoins, le « ménage » prospérait, on y

vivait gaiement, lorsque se produisit un coup de théâtre absolument inattendu.

⁂

Un soir, Caro faisant *le truc* boulevard de Sébastopol, au coin de la rue aux Ours, vit un vieillard qui la regardait avec ostentation. Il avait de longs cheveux blancs, une barbe épaisse, et ses vêtements, simples, étaient fort corrects.

— Tiens ! se dit Caro, voilà un « *vieux birbe* » qui a un béguin pour moi.

Elle l'accosta :

— Viens-tu, chéri ?... Je serai bien gentille, tu verras.

L'individu, qui avait sur le nez des lunettes bleues, ne parla point. De la tête, il lui fit comprendre qu'il la suivait.

Caro, alors, s'en alla tout près de là, dans un hôtel à « *passes* », dit « *train-de-plaisir* », où, au deuxième étage, le garçon lui ouvrit la porte d'un petit cabinet ; elle entra, suivie du *miché*, qui paya au garçon un franc la location pour *un moment*, donna vingt centimes de pourboire, puis ferma la porte.

Au moment où Caro, selon l'usage, allait dire à son client :

— Fais-moi mon petit cadeau, mon coco, trois francs, ce n'est pas cher, tu vois, mon chéri... elle s'aperçut, épouvantée, que le type, d'un mouvement brusque, jetait sur le lit ses cheveux et sa barbe, — postiches, bien entendu.

Stupéfaite, elle cria :

— Léon-la-Fleur !

— Oui, la môme, c'est bien moi, dit le souteneur. Ça t'épate, hein ?

— Ah ! oui, alors !

— Voilà : Je me suis *esbigné* du bagne de la Guyane. Faut pas que je me fasse pincer. J'ai un béguin pour toi et je viens te chercher. Nous allons foutre le camp en Belgique, ce soir même. La *rousse* (police) me cherche. Faut *décaniller* tout de suite !... Vite, un bécot, à son chéri !

— Tu en as de l'astuce, répondit Caro, tu me flanques des coups de couteau et tu crois que je t'ai encore *à la bonne* et que je vais me *recoller* avec toi !... Pas si poire, mon vieux !... J'en ai *maré* des hommes, n'en faut plus !

Léon-la-Fleur reprit :

— S'agit pas de faire de la *rouspétance* !... Ou tu viens avec mon *gniasse* (avec moi), ou tu crèves... Choisis... Et fais vite !

Caro, effrayée, mais ne pensant pas que Léon était réellement décidé à la tuer, si elle se refusait à le suivre à l'instant même, se mit à crier :

— Au secours !... A moi !... On veut me tuer !...

Entendant des gens qui montaient « *quatre à quatre* », Léon, froidement, exécuta sa sentence.

— Ah ! tu gueules, hurla-t-il, tu veux me faire *poisser* (prendre), eh bien, tu crèveras, vache !...

A ce moment, le tenancier de l'hôtel, son garçon et deux ou trois hommes faisaient irruption dans la pièce, mais il était déjà trop tard : Caro râlait par terre, ayant reçu cinq coups de couteau, dont trois, cette fois, étaient mortels.

Léon-la-Fleur fut maintenu, garrotté, tandis que des femmes s'empressaient autour de Caro, vainement, car la *pierreuse* avait cessé de vivre.

La grosse Jeanne, qui adorait son amie, s'évanouit quand elle apprit qu'elle venait d'être assassinée par son ancien amant.

Léon retourna au bagne, condamné aux travaux forcés à perpétuité.

***

Ainsi disparut du monde, au printemps de sa vie, et fort gentille, la môme Caro du Sébasto.

Il est probable qu'elle n'eût point péri de cette façon tragique, et surtout qu'elle n'eût point été une prostituée, si ses parents n'avaient été eux-mêmes des fainéants, des malandrins, dont les pernicieux exemples eurent une influence néfaste.

La môme Caro, bien élevée, éduquée, instruite, devenant tout de même ce qu'elle a été, eût alors mérité l'épithète de monstre. Mais, sachant quelle fut son enfance, connaissant ses initiateurs dans le vice et la basse débauche, nous ne pouvons que dire avec pitié :

Paix à ses cendres! Caro fut, vraiment, une victime.

LES BEAUX JEUNES GENS

Qu'il ne faut pas séparer des Femmes

Jaloux des succès des femmes auprès des provinciaux et des étrangers de passage à Paris, des jeunes gens, assez jolis garçons, vêtus avec recherche, se tenant bien, ayant des attitudes féminines, maquillés et fardés comme des danseuses, se promènent sur les boulevards, s'attablent aux terrasses des cafés, ou plastronnent dans les promenoirs, jouant de la prunelle, souriant aux messieurs, absolument comme des cocodettes.

— Vous êtes bien lesbiennes, vous, disent-ils aux femmes qui leur reprochent cette concurrence éhontée, pourquoi ne serions-nous pas sodomistes? Chacun son goût !

Les plaintes des femmes sont d'ailleurs rares; tout ce monde étrange s'accorde plutôt fort bien et je sais de singulières associations.

Une, entre cent, vaut la peine d'être citée.

Raymonde (forte blonde), Ida (grande brune), Lucien (éphèbe de seize ans) et René (dix-huit ans), habitent le même appartement, et, tous quatre, chacun de son côté, s'en vont chaque soir à la recherche d'un « ami » généreux.

Nul ne pénètre en leur logis commun; pour y être admis comme je le fus, il faut, comme on dit, la croix et la bannière.

Ce n'est pas chez eux qu'ils reçoivent leurs clients. Ces derniers les emmènent dans leurs domiciles ou bien, pour une heure ou une nuit, dans une chambre d'hôtel quelconque.

Le plus curieux, — c'est un renseignement que, moyennant finance, j'ai obtenu de la grande Ida. — c'est que, quand ils se trouvent réunis en leur home, la nuit, les deux femmes couchent ensemble dans un lit, et, dans une autre chambre, les deux hommes dorment côte à côte.

Ménages bizarres, certes, mais le bouquet, c'est que René est le propre frère de Raymonde !

La voilà, l'entente cordiale !

Ces *garçonnettes* de café ont dans leur sacoche plus de malice que d'argent, aussi font-elles très bon accueil au client sérieux.

69 !...

N'étant pas fort en mathématiques, je ne connais pas grand'chose dans les chiffres ; aussi, suis-je fort intrigué depuis quelques jours, et voici pourquoi.

Sur tous les murs où l'affichage est permis, un tailleur a fait apposer des placards sur lesquels, au-dessus d'un nom et d'une adresse, on lit : « Complet, 69 francs ».

Eh bien, devant chacune de ces affiches, je vois constamment un attroupement de femmes qui jasent, rigolent et s'écrient : « Oh ! le beau soixante-neuf ! »

J'avoue que je ne comprends pas.

Qu'ont donc de drôle ces deux chiffres?

Ils sont énormes, est-ce pour cela qu'ils provoquent l'hilarité bruyante de tant de jolies femmes?

Il y a là, pour moi, un mystère que je percerais avec plaisir.

Toujours à cause de ce nombre, je fus, l'autre jour, extrêmement étonné.

Dans une rue très *vivante* et voisine de La Trinité, j'aperçus une quinzaine de femmes de tous âges, arrêtées devant une boutique, les yeux en l'air, et chuchotant entre elles :

« Soixante-neuf! Ah! ah! c'est rigolo! *Elle l'a fait*! Tu parles! »

Elle l'a fait? pensais-je. Qui, elle? Et qu'a-t-elle fait?

Alors, entendant prononcer « soixante-neuf », je levai les yeux à mon tour, pensant que j'allais voir une des affiches précitées.

Or, sur le fronton de la boutique devant laquelle je me trouvais, je lus :

69, L. LAFAY, 69

et je restai perplexe.

Je n'osai point demander ce qu'il y avait de risible dans cette inscription, de peur qu'on ne se fichât de ma tête, mais, de plus en plus étonné, honteux de mon ignorance, je me promis de repiocher mon arithmétique, qui, je l'espère, me donnera le mot de cette énigme.

Vraiment, je ne me croyais pas cancre à ce point-là!

LES TÉTONS

Chant des Amateurs de formes arrondies

Comme deux globes énormes,
Et durs comme des frontons,
En leurs couleurs et leurs formes,
Ah! qu'ils sont beaux, les tétons!

Sans eux, point ne plaît la Femme...
Hommes, nous nous embêtons,
Si l'objet de notre flamme
N'a pas deux jolis tétons.

Qu'importe gente frimousse
Et rondelets molletons,
Si, sous la guimpe vert-mousse,
Ne sont pas deux gros tétons!

Certes, nous aimons : dents blanches,
Très grands yeux, petits petons,
Bras dodus et rondes hanches,
Mais nous voulons des tétons!

Nous nous moquons des femelles
Aux seins comme des boutons;
Zut! il nous faut des mamelles!
Nous aimons les gros tétons!

LES VIERGES FLAGELLÉES

Il ne manque pas de vieux messieurs, à Paris, qui aiment fort se faire flageller par de jeunes et jolies femmes, afin, disent-ils, de recouvrer, pour un moment, quelque virilité.

En de certains antres mystérieux, que d'antiques postérieurs sont fouettés par des menottes aussi mignonnes que vigoureuses !

Quant aux vierges aimant ou souffrant dans un but quelconque la flagellation, il ne faut pas compter en rencontrer beaucoup ici : la Parisienne a trop peur pour ses fesses, qui sont si belles !

Mais à Obervaz, là-bas, près des superbes gorges de l'Albula, aux portes de l'Engadine, des vierges, affirme-t-on, — sont-ce bien des vierges ? — jeunes, jolies, potelées, ne craignent pas de se réunir, de se dévêtir complètement, afin d'être flagellées par un sieur J. B..., sacristain, qui leur dit :

« Charmantes enfants, si je vous flagelle, c'est pour que vous alliez au Ciel, près de Jésus-Christ, qui fut flagellé et couronné d'épines. »

Candides, ces vierges (?) tendent alors leurs croupes magnifiques, et le sacristain tape à tours de bras.

A la place du type, en voyant ces beaux fessiers, ce n'est pas au Ciel que je penserais, ni vous non plus, oh ! non. Mais y pense-t-il, lui ? Entre messe et vêpres, cette distraction vaut bien une manille !

CHAMPAGNE ET OBSCÉNITÉS

Cherchez et vous trouverez !

Le magasin (!) où se débitent ces choses capiteuses se trouve dans le neuvième arrondissement. Demandez : *la Maison de Champagne*.

Là, on ne consomme que du champagne, — il est quelconque, — mais coûte vingt-cinq francs la bouteille, qui vous donne droit à une prime.

Or, c'est la prime, surtout, qui attire une nombreuse clientèle, très élégante et plutôt d'âge mûr.

« Superbe prime », en effet, pour les amateurs, et qui consiste en une séance de cinématographe, dans une salle réservée.

Mais, ce qu'on vous sert, en fait de *vues animées*, ce n'est pas la « charge de Reichshoffen », les « funérailles de Carnot » ou la « Mort du Taureau ».

Le programme ne comporte que des scènes du réalisme le plus échevelé, — de quoi faire rougir cent mille dragons !

Comme prime, c'est préférable — pour les amateurs — que le portrait de « l'homme du jour » qu'offrent certains marchands à tout acheteur de trois francs de crottes de chocolat.

Il n'est pas nécessaire pour être admis à ce spectacle... *émouvant*, d'être au moins quadragénaire, il suffit d'être majeur et vacciné, mais on est *prié* de n'y pas conduire des petites filles.

LE BAISER EST LIBRE, A PARIS!

Il ne faudrait pas, à Paris, se livrer en public à des évolutions amoureuses trop risquées ; les attouchements, les privautés obscènes sont, à bon droit, sévèrement punis.

Mais les amoureux, dans la rue, au café, partout, peuvent sans crainte, si le cœur leur en dit, se tenir par la taille et s'embrasser tant qu'ils veulent. Quelques personnes souriront peut-être en les voyant se faire ces caresses, mais nul, ici, n'a le droit de les inquiéter s'ils n'ont point attenté à la pudeur.

Aussi, voit-on, à chaque pas, surtout lorsque la nuit est descendue sur la terre, des couples d'amants échanger des baisers, en devisant d'amour.

Il n'en est point ainsi dans l'état de New-Jersey, où les autorités de l'Atlantic City condamnent à soixante francs d'amende :

1° L'homme et la femme qui se sont donnés des baisers — même un seul — en public.

2° L'homme et la femme qui, en public, se sont passé le bras autour de la taille.

3° L'homme et la femme qui, en public, ont posé leur tête sur l'épaule l'un de l'autre.

Et, dans ce « doux pays », cette amende excessive n'est pas infligée seulement aux voyous qui causent du scandale, aux prostituées et à leurs amants d'une heure, aux fiancés ; les gens mariés, jeunes ou mûrs, sont également punis.

« *Embrassez-vous chez vous* », leur dit sèchement le juge !

Chez nous, cher lecteur, le Baiser n'a pas peur du gendarme, et Pandore lui-même, brave troupier, sourit aux belles nounous et en embrasse tant qu'il peut.

On ne sait donc pas, dans la City en question, que

« Le Baiser, c'est toute la vie ! »

Tandis qu'amoureux il m'embrasse,
Je me dis : Flûte ! il m'em... barrasse !

DEUXIÈME PARTIE

Vers la Joie

Maisons de Rendez-Vous : Notice, Adresses

Maisons closes

Brasseries de Femmes

Brasseries, Cafés, Restaurants à Femmes

DEUXIÈME PARTIE

VERS LA JOIE

Je vous suppose, mon cher lecteur, à Paris depuis seulement deux ou trois jours, et pour la première fois.

En ce cas, vous ignorez complètement où il faut aller pour s'amuser, et quelle direction prendre pour vous rendre dans tel ou tel quartier, en partant de l'hôtel où vous êtes descendu, et qui est situé... mettons rue de Rivoli, près le Palais-Royal.

Or, vous n'aimez pas louvoyer. Votre principe est d'aller droit au but.

Eh bien, admettons ceci :

Il est huit heures du soir, vous venez de dîner à la table d'hôte de votre hôtel, et vous avez l'intention de vous rendre dans quelques établissements où l'on « rigole ».

Alors, vous dites : « Ce soir, j'irai au

QUARTIER LATIN

il y a sûrement, par là, des petites femmes épatantes ».

Pour vous y rendre, prenez un fiacre et faites-vous conduire *Place Saint-Michel.*

De là, à pied, montez le *Boul' Mich'* (Boulevard Saint-Michel), où se trouvent la plupart des établissements à femmes.

⁂

Si votre intention est d'aller à

MONTMARTRE

vous direz à votre cocher : « Conduisez-moi *Place Pigalle* ».

De là, à gauche et à droite, vous ne trouverez que des cabarets joyeux et des femmes partout.

⁂

Pour visiter les cafés des

GRANDS BOULEVARDS

et autres lieux de plaisir situés dans leurs parages, vous vous ferez conduire *Place de l'Opéra*, centre des quartiers luxueux.

⁂

Tous les établissements fréquentés par les viveurs sont indiqués aux chapitres suivants.

Ici, je ne vous ai cité que le *point culminant* de chaque quartier, sorte de Rond-Point où aboutissent toutes les voies qui mènent à la joie, au plaisir, à l'amour !

Maisons de Rendez-Vous

TOLÉRÉES ET CLANDESTINES

NOTICE ET ADRESSES

Les rendez-vous de noble compagnie
Se donnent tous en ce charmant séjour,
Et, doucement, on y passe sa vie
A célébrer le champagne et l'amour!

Sachant bien que, dans ce livre, ce chapitre est celui qui vous intéresse le plus, j'y ai noté à peu près tout ce qui peut se dire des *Maisons de rendez-vous*.

Les révélations que vous trouverez ici ne vous seront pas inutiles au moment où, j'en suis sûr, vous vous proposez d'aller chercher, dans ces antres mystérieux, des joies paradisiaques.

Vous menez à Paris une « vie de patachon » et je vous en félicite, vous approuvant de dire :

Puisque la vie, hélas! s'achève
Si vite, même pour le fort,
Et qu'à peine au monde l'on crève,
Eh bien, aimons, rions sans trève,
Il est trop tard... quand on est mort!

Mais il n'est pas agréable d'être dupe et si vous me suivez jusqu'au bout... du présent chapitre, je vous éviterai certainement beaucoup de déceptions.

Il n'existe pas de *Maisons de rendez-vous* autorisées.

Quelques-unes seulement sont tolérées.

L'entremetteuse maîtresse d'une Maison tolérée par la Préfecture fait elle-même partie de la Police, bien qu'elle s'en défende, et est tenue de fournir le nom de chacun de ses clients, même de celui qui, par hasard, est venu chez elle une fois.

Si vous avez commis un crime et que les gendarmes soient à vos trousses ; si votre légitime épouse est jalouse et vous fait surveiller, attention ! Mais soyez tranquille, vous n'êtes nullement forcé d'exhiber des papiers, — que personne ne vous demandera.

En somme, cette Maison n'est qu'un Bordel dont les femmes, au lieu d'être *internes*, sont *externes ;* se tiennent là en permanence ou n'y viennent que pour un rendez-vous fixé.

On y va comme on irait au *Chabanais* ou au *Taitbout*, et, parmi lse clients, les sénateurs, les députés sont nombreux et non les moins expansifs.

De très grands personnages fréquentent les *Maisons de rendez-vous*.

Les étrangers ne manquent pas de les visiter et constituent même une clientèle de choix.

Jeunes fats ou vieux « birbes », tous les hommes ensemble ne valent pas une kakaouette. S'ils crevaient tous, quel bonheur!

Les femmes y sont généralement jolies, élégantes et spirituelles, — un peu rosses aussi.

Plus loin, vous trouverez des *adresses*.

En attendant, je veux vous dire ce qui se passe dans certaines *Maisons de rendez-vous clandestines*.

✣

Mme A... s'est abouchée avec des employés de grands hôtels qui lui fournissent, moyennant rétribution, la liste des *messieurs seuls* nouvellement arrivés.

Ces voyageurs reçoivent sous pli cacheté et par la poste une lettre, — que jai copiée mot pour mot :

« Monsieur,

« Redevable de votre adresse à un de vos amis, je vous prie instamment de venir me voir, ayant une affaire très intéressante à vous proposer. »

Salutations et signature :

« Mme A...,
« rue.... No... »

Voyant « Mme A... » au bas de la lettre, huit sur dix des destinataires comprennent ce que veulent dire ces mots : « affaire très intéressante », et ils vont au rendez-vous.

Très fine, Mme A... voit vite à qui elle a affaire.

Des femmes sont là, un accommodement s'en suit immédiatement. L'« opération » a lieu,

Mme A... empoche, rétribue la dame à qui ce fut « le tour », le *miché* s'en va... A un autre !

Dans la maison de Mme A..., on se « fout du public », selon la propre expression de la maîtresse de céans. On se moque surtout des *amateurs*, des *passionnés*, qui ont des goûts spéciaux qu'on ne leur pardonne pas, tout en les leur faisant payer très cher.

Vous êtes un tantinet maniaque — supposons, — vous restez impuissant devant une princesse, mais une servante de chez Duval, avec son petit bonnet tuyauté, son tablier blanc, ses manches de calicot, rien qu'en vous apportant votre bifteack aux pommes, vous... met en état de célébrer avec brio un sacrifice à la Beauté.

En ce cas, mis en présence de Mme A..., qui se flatte de pouvoir faire nouer des relations entre ses clients et toutes les personnes qu'ils désirent... connaître, vous lui tenez ce langage :

— Madame, je vous en prie, faites « des pieds et des mains » — quel jargon rigolo que le langage usuel ! — je paierai ce qu'il faudra, mais vous me rendrez bien heureux en me faisant rencontrer ici, chez vous, une bonne de chez Duval, non pas endimanchée, oh ! non, mais en son costume de service, telle qu'elle est vêtue quand elle sert à table.

La matrone alors vous répond, flairant une bonne aubaine :

— Soyez persuadé, monsieur, que je vais me

« *mettre en quatre* » pour vous faire plaisir. Mais, vous savez, j'aurai beaucoup de mal, car les servantes de ce grand restaurant sont généralement de très honnêtes femmes, mariées presque toutes, et pour en séduire une... il faudra... enfin, comptez sur moi... Vous serez généreux, n'est-ce pas ?

Vous promettez « *monts et merveilles* » et partez content, la *maîtresse* vous ayant promis de ne pas vous faire languir.

Vous n'avez pas encore descendu les deux étages que la « chère dame », entrant en coup de vent dans la pièce où sont réunies ses pensionnaires, s'écrie joyeusement :

— Bonne affaire ! Figurez-vous une espèce de tourte, un vieux croquesimargoin qui n'a de béguin que pour les bonnes à Duval ! Quelle poire ! Il m'en a demandé une... Il casquera dur, le type ! mais faut pas le laisser refroidir... Comment faire ? Y a pas, il lui faut la gonzesse en bonnet, en manche, en tablier... C'est-il toi, Carmen, qui feras la boniche ?...

— Je m'en fous ! répond la fille interpellée, boniche ou duchesse, pourvu que le vieux c... casque...

— Oh ! il a du pognon le type, reprend la patronne, mais où allons-nous dénicher tout le tremblement : bonnet, manches, tablier ?

— Chez le marchand, parbleu ! dit Sophie.

Et Yvonne à son tour ouvre le bec :

— Y a qu'à foutre une thune à une boniche

sans chiqué, elle sera bien contente de prêter ses fringues.

Oui, tu as raison, dit encore la maîtresse, mais il faut que ce soit une bonne de chez Duval... Il s'y connaît, l'idiot.

Bref, le surlendemain, « Madame » s'est procuré le nécessaire.

Une de ses femmes s'est affublée du tout, n'ayant gardé, sous sa robe, qu'un jupon simple, mais bien blanc, et vous recevez une dépêche vous invitant à venir « examiner l'objet demandé ».

Quand vous arrivez, la pseudo-servante vous est présentée et vous voilà causant avec elle, croyant, en votre inaltérable crédulité, que vous êtes réellement en présence d'une bonne de chez Duval, dont vous raffolez. — Tous les goûts sont dans la Nature !

Carmen, belle fille et intelligente, joue son rôle à ravir.

Elle vous dit, les yeux baissés :

— Je m'appelle Marie ; je suis mariée, mais... mon mari... est infirme... Je suis délaissée... privée des plaisirs de mon âge... Je me suis laissée tenter, parce qu'on m'a affirmé que j'aurais affaire à un monsieur très bien... qui m'aimerait... et qui m'aiderait... Ça ne gagne pas beaucoup, une pauvre bonne.

Alors, à votre tour, vous parlez :

— Vous êtes charmante... Certainement que je vous aimerai !... Vous suis-je... sympathique ?

Et la rusée, très comédienne :

— Oh ! monsieur, vous me plaisez bien... un Monsieur comme vous !... je ne suis qu'une bonne... quel bonheur pour moi !

Enfin, vous devenez entreprenant, le petit bonnet ayant produit tout son effet, et... vous possédez l'objet de votre... béguin.

Carmen-Marie paraît se donner à vous avec l'ardeur d'un cœur épris, et de sens trop longtemps contenus !

Vous êtes heureux.

Votre rendez-vous d'amour vous coûte *au moin* cinq louis, vous promettez de revenir bientôt, sur avis préalable, et partez... soulagé.

Ah ! ce qu'on rigole, dès que vous vous êtes éloigné !

Tous les noms de la charcuterie et de l'agriculture vous sont, sans parcimonie, octroyés.

— Quel poireau ! dit Carmen, il a « coupé dans le pont ! »

— Faut-il qu'il soit andouille, ce type-là, appuye la maîtresse, de croire qu'on va lui foutre des bonnes timides et vertueuses !

— Il n'est pas « plus pire » qu'un autre, renchérit la môme Augusta, tous les hommes sont des cochons et des panas ! (sic).

Là-dessus, Carmen fait son compte.

Selon l'usage, elle donne à la maîtresse la moitié de sa recette, puis, à la bonne, cent sous de pourboire — obligatoire — et elle empoche quarante-cinq francs sur cent en pensant encore à vous et disant :

— Il faudrait une *truffe* comme ça tous les jours !

Au hasard de l'improvisation, j'ai supposé que la femme désirée par vous était une bonne de chez Duval.

Le fait, d'ailleurs, n'est pas impossible, et j'en sais une dont, volontiers, bien des difficiles se torcheraient le bec.

Mais, si vous aviez demandé telle ou telle personne connue, celle-là seule, et pas une autre, disant, par exemple, à la maîtresse de la maison :

— Je suis toqué de Mlle Aglaé Chatouillard, la petite « ingénue » des *Délassements-Mondains.* Arrangez-vous comme vous l'entendrez, il me la faut, le plus tôt possible. Vous serez contente de moi, mais je veux Aglaé... ou la mort !

Eh bien, les choses n'eussent pas été beaucoup plus embrouillées.

Ces femmes des *Maisons de rendez-vous* sont d'habiles personnes, sachant aplanir, en se riant, toutes les difficultés.

Une femme ressemblant tout à fait à Aglaé serait venue jouer auprès de vous la comédie habituelle.

Trois jours après, à vos amis émerveillés, vous eussiez raconté — avec force détails — votre bonne fortune, vantant les attraits d'Aglaé Chatouillard,

BEAU RÊVE

Un amant bien vieux, bien riche, et qui me laisse faire tout ce que je veux... voilà ce qu'il me faudrait!

la mignonne actrice parisienne et ne vous doutant pas — de plus en plus crédule — que la belle fille que vous étreignîtes avec frénésie n'était autre que la môme Georgette, une petite grue de Montmartre, simple sosie d'Aglaé !

Ce qui ne veut pas dire qu'Aglaé, sollicitée par la maîtresse, eût refusé de venir au rendez-vous. Tant de femmes, artistes ou non, mariées ou jeunes filles, marchent dans ces « combinaisons » !

Mais un sosie a été substitué à la personne désirée, afin que les bénéfices fussent plus considérables, la « vraie personne » exigeant presque toujours davantage et, de ce fait, laissant moins d'« affure ».

Ce que je viens de raconter ne se passe pas seulement chez Mme A., mais dans presque toutes les *Maisons de rendez-vous clandestines*, où le « pigeon » est plumé et sérieusement passé à la « bèche ».

Vous voyez qu'il est préférable de « marcher » tout simplement avec l'une des femmes qui se trouvent là, que de faire « fantasia ».

Il est vrai que, pour être moins raffiné dans sa façon de choisir, on n'est pas pour cela exempt d'aventures. Exemple, ce brave M. Ch. B., qui, l'autre jour, en compagnie de deux amis, s'était rendu dans une maison de rendez-vous, histoire de rire un peu.

Les trois copains demandèrent « des femmes » et, bientôt, les cinq qui se trouvaient là, en disponibilité, leur furent présentées.

Tableau !

L'une d'elles était Mme Ch. B. en personne !

Non seulement son mari fut ahuri, mais ses amis, qui la connaissaient, en « bavaient des ronds de chapeaux ».

Je sus, par la maîtresse, que Mme Ch. B., passionnée et coquette, venait là pour assouvir sa chair, jamais satisfaite, et gagner de l'argent — en cachette de son mari, — pour améliorer l'état de sa bourse que ses grandes dépenses vidaient trop souvent.

⁂

Dans une de ces maisons, située à deux pas de l'Opéra, il s'est produit, naguère, un fait beaucoup plus grave.

Un vieillard, *après l'orgie*, faisait la causette avec sa compagne de plaisir. (Notez que c'est *après*, pas avant l'orgie.)

Il interrogeait la petite femme, une gentille blonde, douce, pas voyou pour un sou.

Tout à coup, sur une réponse de la belle, le vieux sauta du lit comme devenu subitement fou, et, se prenant le front, s'écria :

— Malheureux !

Puis, voyant la blonde s'inquiéter, pâlir, ne comprenant rien, il la regarda bien en face et dit :

— Tu es Louise H., bien vrai ?

— Mais, bien sûr, dit la petite femme, pourquoi...

— Louise H., née à Chartres ?

— Oui ! le 17 octobre 18...

A ces mots, le vieillard s'affala sur une chaise, ne pensant plus qu'il n'avait sur lui que sa chemise et pleura, s'arrachant les cheveux.

Louise s'habilla, ne sachant que penser, et très embêtée de cet incident.

— Mais qu'avez-vous, voyons ? demanda-t-elle gentiment.

Le vieux se leva, la regarda une minute, puis :

— Où est ta mère ? Que fait-elle ? demanda-t-il.

— Pourquoi, répondit Louise, me demandez-vous cela ? Vous n'avez pas affaire avec maman..... Mais, qu'est-ce qui vous prend ? Parlez donc franchement.

Le vieux dit alors, éclatant de nouveau en sanglots :

— Tu es ma fille !

Louise sursauta et des larmes jaillirent de ses yeux.

Bref, en deux mots, voici l'histoire :

M. H., — le vieillard, — avait, une vingtaine d'années auparavant, abandonné sa maîtresse, mère d'une petite fille, dont il était le père.

Et c'est cette dernière qu'il venait de retrouver, par hasard, dans les circonstances que vous savez !

Je ne sais ce qu'il advint par la suite au père et à

la fille, mais ne frémit-on pas, quand on pense que des cas pareils ne sont pas si isolés qu'on voudrait le croire!

+

Mlle S., dont la maison de rendez-vous est située à cinq minutes de l'église de N.-D. de Lorette, offre à ses clients des jeunes filles de quinze à seize ans.

Comment recrute-t-elle les amateurs? Je l'ignore.

Quant aux petites, voilà de quelle façon elle les attire chez elle.

De temps en temps, elle fait paraître une annonce conçue ainsi :

ON DEMANDE des jeunes filles de quinze à seize ans, pour travail facile.
S'adresser .....

Chaque annonce lui en amène une quinzaine, parmi lesquelles elle choisit les plus belles, qu'elle embauche à raison de trente sous par jour.

Les premiers jours, afin de les étudier et de les « sonder », elle leur fait mettre du rouge, du bleu ou du rose sur des cartes postales.

Celles qui lui semblent, au bout d'une semaine, non susceptibles de « marcher », elle les renvoie sous prétexte qu'elles travaillent mal.

Quant aux autres, elle a vite fait de les initier à sa combinaison.

Chez Mlle S., pas de costumes *ad hoc*, les jeunes filles qu'elle a choisies sont proprement mises. C'est, dit-elle, tout ce qu'il faut.

Toutes, autour d'une grande table, barbouillent des cartes.

Quand un monsieur arrive, on le fait asseoir dans l'atelier. Il reste là un moment pendant lequel, tout en bavardant avec Mlle S., il fait son choix.

Lorsque l'homme s'est décidé pour une — ou pour deux — des fillettes, il suit Mlle S. qui le fait entrer dans une chambre coquettement arrangée où la — ou les — victimes vont bientôt le rejoindre.

Si, pendant l'opération, un autre client arrive, on le fait attendre dans l'atelier et il a, alors, tout le temps nécessaire pour faire un choix raisonné.

Mlle S. ne donne aux fillettes que deux francs sur la somme qu'elle reçoit et qui n'est jamais inférieure à un louis, mais les gosses sont contentes et ne se plaignent pas.

Il vient là un individu qui est affligé d'une curieuse manie :

Dès qu'il est enfermé dans une chambre avec une jeune fille, il lui dit de se tenir debout, devant lui, et de retrousser très haut ses jupes. Alors, lui, assis sur une chaise, se livre à... certaine pratique, en fixant ses yeux sur les genoux de la petite.

Pour cette « corvée » qui ne fatigue que lui, il donne vingt-cinq francs, plus un sac de bonbons !

⁂

Mme R..., coiffeuse, a transformé son « Salon » en maison de rendez-vous, mais il est rare qu'un homme y pénètre, car la spécialité, chez elle, c'est le saphisme.

Des cocottes, des actrices, des dames de la bonne société viennent se livrer entre elles à leur plaisir favori.

Une très vieille dame, veuve, dit-on, d'un peintre de talent, se rencontre chez Mme R... avec une jeune demi-mondaine à qui elle donne chaque fois un billet de cent francs.

Une chanteuse très en vogue vient là également et paie très cher l'affection d'une jeune femme mariée, mère d'un bébé et caissière dans un grand café du Centre.

⁂

Dans une Maison de rendez-vous très richement installée au deuxième étage d'un immeuble magnifique, non loin du parc Monceau, se réunissent très souvent une dizaine de tout jeunes chicards et autant de femmes, que Mme de... fait passer pour des jeunes filles convenables, ouvrières aimant s'amuser, mais qu'elle recrute parmi ces gosses de seize à vingt ans au plus, qui font carrément le raccroc le soir aux alentours de la place Clichy.

Mme de... reçoit deux fois par semaine la femme d'un général en activité qui, sous le couvert de

SIMPLE QUESTION

Qu'est-ce qui vous plait le plus, en moi?
Mes yeux, ma bouche, ou mes... biberons?

l'incognito, s'offre chaque fois un jeune gaillard solide — jamais le même — que Mme de... est chargée de découvrir parmi les plus beaux mâles — les jeunes gens fréquentant l'avenue de Wagram, — souteneurs et autres.

Le premier samedi de chaque mois, Mme de... donne une grande soirée à laquelle sont conviés ses « amis » et quelques jolies femmes de la galanterie qui, vers onze heures, se livrent à certains jeux un peu extravagants, que je ne saurais décrire.

⁂

Mme K... dans son salon — dont les fenêtres donnent sur le square L... — donne également chaque mois deux ou trois fêtes superbes et, parmi les convives, deux chiens, bien appris, se livrent à des exercices extraordinaires qu'on n'a jamais vus chez Corvi, le célèbre dresseur.

⁂

Chez Mme H..., dans le quartier du Palais-Royal, une demi-douzaine d'aimables éphèbes se réunissent chaque soir, qui ont la douce manie de s'affubler d'oripeaux féminins pour réciter des monologues et des poésies. Leur auteur favori est assurément le jeune et beau d'Ad..., qui fut le héros principal d'une retentissante affaire de mœurs, car leur répertoire comporte plusieurs de ses œuvres.

Le salon de Mme H... est le lieu de réunion également de quelques messieurs plutôt mûrs, dont un ecclésiastique de la banlieue Ouest.

Mme X. X..., qui demeure à cinquante mètres de la Scala, a toujours chez elle un, deux ou trois couples d'amants que l'on peut voir dans leurs ébats amoureux, sans qu'ils s'en doutent, son appartement étant *machiné* pour la plus grande joie des VOYEURS.

Certes, des *Maisons de rendez-vous* qui ne sont que des *pièges à gogos* il n'en manque pas dans Paris.

Mais d'autres, vraiment, sont de « charmants séjours » où la beauté des femmes, la qualité du Champagne et la richesse de l'ameublement retiennent les viveurs, qui s'y plaisent, s'y amusent et n'en sortent qu'à regret.

Ce que j'ai noté plus haut de certaines Maisons — faits authentiques — est également applicable à d'autres Maisons, car, si rien ne ressemble plus à une goutte d'eau qu'une autre goutte d'eau, deux *Maisons de rendez-vous*, ou dix, ou vingt, se ressemblent — au moins en ce qui s'y passe — Ne va-t-on pas dans toutes pour voir et « posséder » de jolies filles rieuses et... perverses?

Maintenant, impatient de vous envoler vers ces lieux enchanteurs ; pressé d'admirer les charmes enivrants des prêtresses d'amour si accueillantes au voyageur adonné avec ferveur au culte de Vénus, vous attendez que je vous dise :

— Allez, pour être satisfait, dans telle Maison.

Ou bien :

— N'allez pas dans telle autre, vous le regretteriez.

Et vous espérez que je vais vous donner une liste, très exactement dressée, des *Maisons de rendez-vous*, avec les noms des dames, les noms des rues et les numéros.

Eh bien, mon cher lecteur, je le regrette, mais il m'est impossible de vous donner satisfaction, ne voulant pas dénoncer d'aimables personnes qui seraient bientôt « coffrées » à Saint-Lazare, si j'indiquais nettement où se trouvent leurs *Temples clandestins*.

Mais ces Maisons, tolérées ou clandestines — celles-ci dix fois plus nombreuses, — il vous sera facile de les découvrir car, ci-contre, je vous cite les rues et les quartiers où elles sont situées, et vous seriez bien maladroit si, ayant cette moitié de renseignement, vous n'arriviez à vous procurer l'autre, que le premier garçon d'hôtel venu est à même de vous fournir — confidentiellement — et contre un petit pourboire.

Les *Maisons de rendez-vous* ne se tiennent pas toutes « par la main », comme les Bordels des petites villes, qui se grimpent les uns sur les autres... comme pour imiter ou donner l'exemple aux gais lurons attirés par leurs lanternes flamboyantes.

On en trouve à peu près dans tous les quartiers — j'entends ceux du centre et limitrophophes — car dans les faubourgs le Bar où l'on se saoûle fleurit plutôt que le Salon où l'on b...atifole.

L'accès de certaines de ces Maisons n'est permis qu'aux très riches.

On arrive, en passant par celles où l'on ne rougit pas de ne pas être millionnaire, aux *Maisonnettes de rendez-vous*, en lesquelles, jamais, un vrai gentleman ne met les pieds.

Celles qui sont situées dans le quartier de

L'ÉTOILE (Arc de Triomphe)

vous les trouverez :

RUE WASINGHTON,
RUE DE L'ÉTOILE,
RUE DES ACACIAS,
RUE TROYON.

Non loin de là, aux

CHAMPS-ÉLYSÉES

il en est d'autres :

RUE CHATEAUBRIAND,

RUE LORD BYRON,

RUE MARBEUF.

De là, il n'y a qu'un pas à faire pour se trouver en plein quartier de

LA MADELEINE

où l'on vous indiquera (tout bas à l'oreille) l'emplacement exact des Maisons de rendez-vous, situées :

RUE CAMBON,

RUE BOISSY-D'ANGLAS,

RUE VIGNON,

RUE SAINT-FLORENTIN.

Un petit saut, mon cher lecteur, et vous voilà, frais et dispos, prêt à... rire, au quartier de

L'OPÉRA

où sont plus nombreuses qu'ailleurs ces chères Maisons, tant aimées des viveurs. Vous avez, là, tout un pélerinage à faire :

RUE DE LA VICTOIR

RUE JOUBERT,

RUE MOGADOR,

RUE DE HANOVRE,

RUE DE PROVENCE

RUE DU HELDER,

CITÉ D'ANTIN.

Nous voici, maintenant, à la

GARE SAINT-LAZARE

d'où, sans nulle peine, le viveur avide de réjouissances se rend aux autels d'amour dressés pour son plaisir :

RUE DE LONDRES,
RUE DE L'ARCADE,
RUE D'AMSTERDAM,
RUE D'ATHÈNES,
PASSAGE TIVOLI.

Un peu plus haut, dans le

QUARTIER DE L'EUROPE

où demeurent, par centaines, de charmantes demi-mondaines, vous serez le bien venu chez « ces dames » des Maisons de rendez-vous :

RUE D'ÉDIMBOURG,
RUE DE NAPLES,
RUE DE MOSCOU,
RUE DE ROME,
RUE DE BERLIN,
RUE DE TURIN,
RUE DE BERNE,
RUE CLAPEYRON.

La rue Bréda, qui donna, pendant un grand

nombre d'années, son nom à tout un immense périmètre connu sous le nom de

QUARTIER BRÉDA

vient d'être changée en : rue Henry Monier, à la

C'est ainsi qu'en costume d'Ève
A l'or plus qu'à l'amour je rêve.

demande de quelques pudibonds qui rougissent devant une statue de femme nue, et qui prétendirent que le nom de Bréda évoquait — à cause de la réputation du quartier — un lieu inhabitable pour des personnes honnêtes et paisibles! La rue et le quartier — surtout la rue — car nous continuons, nous, les Parisiens endurcis, à dire : Quartier Bréda, ont changé de nom, mais pas de physionomie.

Jusqu'à la fin des siècles, les plus pimpantes « petites fafemmes » continueront d'habiter et d'évoluer dans cette... paroisse, qui est si bien la leur, que l'église de l'agglomération s'appelle Notre-Dame de Lorette ! Or, vous êtes assez grand garçon, je pense, pour savoir ce que « lorette » veut dire ; si vous ne le savez pas, mon cher lecteur, d'aimables « cocottes » sans plumes, mais qui, parfois, savent très bien plumer, et sont toujours très « bath » au « plume », vous l'apprendront dès que vous irez les visiter en leurs joyeuses maisons de rendez-vous, très, trois fois très clandestines, dont la plus éloignée n'est pas à plus d'un petit quart d'heure de la

PLACE PIGALLE

Jugez-en :

RUE LA FERRIÈRE,
RUE N.-D. DE LORETTE,
RUE FONTAINE,
RUE CLAUZEL,
RUE DE NAVARRIN,
RUE VICTOR-MASSÉ,
RUE DE DOUAI,
RUE PIGALLE,
RUE FROCHOT,
RUE CONDORCET.

RUE RODIER,
RUE DUPERRÉ,
RUE VINTIMILLE,
RUE DE MAUBEUGE,
RUE LAMARTINE,
RUE MILTON.

Pour les Parisiens, les rues que je viens de citer, sauf deux ou trois, sont de

MONTMARTRE

Or, si elles y touchent de très près,— la largeur du boulevard les sépare,— elles ne font pas, à proprement parler, partie de Montmartre, qui est du XVIIIe arrondissement, tandis que, toutes, sont du IXe.

Cette explication était nécessaire pour que vous ne soyez pas étonné qu'il n'y ait pas plus de Maisons de rendez-vous dans le quartier réputé comme étant le plus rigolo et le détenteur du record des plaisirs.

Donc, à Montmartre proprement dit, trop près du quartier Bréda, où on en compte tant, il n'y a que quatre maisons de R.-V., situées :

RUE DES ABBESSES,
RUE CAULINCOURT,
RUE LEPIC,
RUE CAVALLOTTI.

Si, dans cette dernière, vous vous faisiez décaver

complètement, vous auriez la ressource de porter votre montre « au clou », le Mont-de-Piété étant là, au n° 24.

Dans le quartier des Batignolles, proche la

PLACE CLICHY

une Maison de R.-V. toujours bien « montée » en jolies filles, que l'on rencontre aussi dans les cafés voisins, est curieusement installée

RUE LÉCLUZE,

et une autre où, l'année dernière, un habitant du quartier, client assidu, oublia tout à coup de respirer au moment... psychologique! — Heureusement que la maîtresse de céans savait où faire transporter le cadavre, sans quoi le malheureux, un gros rentier, eût fait connaissance — sans le savoir, c'est vrai — avec les dalles de la Morgue! — une autre maison, dis-je, où fréquentent plusieurs professeurs d'un collège voisin, est située :

RUE PUTEAUX

Non loin du Panthéon, et tout près d'un des plus fameux cafés du bruyant

QUARTIER LATIN

des étudiants — futurs « austères magistrats », futures « gloires des lettres », futurs « éminents docteurs » ou futurs « sales ratés », se réunissent en bande tapageuse

RUE SOUFFLOT,

dans une sorte de sérail, où — chose étrange —

on parle plus de politique, de question sociale, de révolution, de liberté et de mille utopies que d'amour et de volupté! Cependant, après de belles tirades sur « l'évolution de la pensée » ou sur le « proff » qu'il faudra « conspuer », ces jeunes gens enthousiastes daignent adresser à leurs belles hôtesses des compliments très doux et leur prodiguer des caresses... savamment raffinées.

A quelques minutes de la place de

LA BASTILLE

et de la Maison de Victor Hugo, située place des Vosges, une dame, aidée de ses deux filles et de deux ou trois femmes, dirige avec tact une Maison de R.-V. :

RUE DES TOURNELLES.

Une ancienne danseuse, qui, il y a une quinzaine d'années, se faisait beaucoup remarquer et acclamer dans les quadrilles réalistes du Moulin-Rouge, dont Valentin-le-Désossé, qui vient de mourir, était le « Roi », — s'est offert, dans ses vieux jours, — elle a, hélas! bien près de cinquante ans, — sa petite Maison de R.-V. qui lui permet de vivre tranquillement en attendant qu'elle s'en aille « les pieds devant », elle qui, autrefois, les flanquait si allègrement au cul des « gommeux » qui ne lui « chantaient » pas. C'est à côté de la

PLACE DE LA RÉPUBLIQUE

qu'elle a, comme elle dit, monté son « Agence de

Tendresses », et la fortune ne lui est pas trop cruelle, puisque dix clients par jour — en moyenne — ont l'amabilité de laisser chez elle,

RUE DE LA DOUANE,

des sommes variant de cinq à vingt francs, — quelquefois davantage, jamais moins. Ce trafic lui rapporte, à peu près, cinq mille francs par an, avec lesquels elle vivote, pas trop mal, entretient sa mère infirme, et fait élever, dans un pensionnat, son fils Louis, âgé de quatorze ans.

A moins de cent mètres de la Scala, dans le quartier de

LA PORTE SAINT-DENIS

existent deux Maisons de R.-V. dont les pensionnaires, — externes, — font aussi de l'œil aux messieurs sur le boulevard de Strasbourg. L'une est située

PASSAGE DE L'INDUSTRIE,

et l'autre, où l'on n'est admis que de deux à six heures (après midi),

PASSAGE BRADY.

Dans le même quartier, mais plus haut, près la gare de l'Est, vous pourrez voir les dernières « Hirondelles », — femmes qui « font la fenêtre »,

CITÉ JARRY,

à proximité aussi des magasins « A la Ville Saint-Denis ».

Dans quelques-unes des rues citées plus haut, il y a deux et même trois *Maisons de rendez-vous;* notamment la rue Washington (2), la rue de Maubeuge (2), la rue N.-D. de Lorette (3), etc., etc.

J'ai scrupuleusement inscrit toutes les Maisons dont l'existence m'est connue.

Sans doute, il en est d'autres que j'ignore, mais bien peu, en tous cas, car je suis bien renseigné.

S'il vous arrive de trouver « visage de bois » à une adresse indiquée ici, n'en soyez pas surpris et ne me taxez pas d'inexactitude : ces chères petites femmes n'ont pas toujours de la veine, alors, elles déménagent souvent; ou bien l'implacable Thémis a fourré son long nez dans leurs affaires et il s'en suit que les belles que vous cherchez, par exemple, rue Pigalle, soient logées, à l'œil, faubourg Saint-Denis, à la prison de Saint-Lazare.

Il se peut aussi que certaine Agence — que je ne puis nommer, — les ait envoyées en Russie, où, paraît-il, la Française « vaut de l'or ».

Les adresses qui suivent, je ne risque rien en vous les donnant complètes. D'autres, qui viendront à la suite des premières, seront également celles de « rendez-vous » où pullulent les jolies femmes.

Allez partout, mon cher lecteur, et, insouciant des tribulations de l'existence, amusez-vous bien.

C'est la grâce que je vous souhaite.

Ainsi soit-il !

Maisons Closes

DITES DE TOLÉRANCE

Et vulgairement appelées : Bordels, Boxons Lupanars ou Claques

Il en existe environ cinquante à Paris, disséminées dans les vingt arrondissements.

Quelques-unes sont luxueuses ; d'autres ne sont que confortables ; enfin, il en est qui sont d'infects taudis.

Le nombre des femmes dans chaque Maison close varie entre huit et quinze; rarement cette quantité est moindre ou plus grande.

Dans les *Boxons* où ne fréquentent que les viveurs riches, les femmes sont jeunes, belles et assez intelligentes, pour qu'avant et après... *l'œuvre de chair*, les *michés* ne s'ennuient pas près d'elles.

Il est même certaines femmes, dans ces maisons de premier ordre, qui pianotent gentiment et savent mieux roucouler que beaucoup de cabotines des petits *beuglants*.

Les maisons de second ordre offrent également à leur clientèle un choix de femmes fort agréables.

Dans les *Claques* des quartiers éloignés du Centre, les femmes sont en général usées par vingt années de *Bordels* de France, des colonies ou de l'étranger.

Le plus bruyant de ces tapageurs nocturnes sera peut-être un jour le plus grincheux membre de la Ligue contre la licence des rues.

Les rares créatures jeunes et fraîches (?) que l'on y trouve n'ont rien d'appétissant pour un monsieur délicat : elles sont grossières, « mal embouchées », et leur manière de s'offrir, au lieu de tenter, cause un réel dégoût.

Les clients ordinaires de ces *Lupanars* de bas étage sont des soldats en goguette et des ouvriers ivres qui, pauvres et sans goût, trouvent des charmes à ces gotons qu'ils « s'envoient » pour quarante « *pélos* » — deux francs.

J'ai vu dans une de ces maisons de la dernière catégorie une pauvre fille, si horriblement grêlée, que ses compagnes, sans pitié, appelaient *poêle à marrons*, à cause des trous dont son visage était rempli.

Une autre femme, dans le même Bordel, avait des varices !

Ailleurs, une femme d'au moins *cinquante ans*, était borgne !

Dans quelques *Maisons closes* du Centre, si quelques femmes ne sont pas, de visage, des beautés pures, elles sont du moins bien bâties, ont des croupes et des tétons plantureux, sont saines et bien portantes.

On ne peut être bien fixé sur l'âge des femmes « en Maison », car s'il en est qui, étant mineures, ont pu y être introduites grâce à de faux états civils (Voir le chapitre *Traite des Blanches*), il en est d'autres qui, par le même procédé, passent pour n'avoir que vingt-trois ans, alors qu'elles en ont bel et bien trente.

A cela rien d'étonnant, puisque la femme honnête elle-même, à propos de son âge, ne craint pas de mentir !

Quand on entre dans un Lupanar qui n'est que confortable, on croirait pénétrer dans une salle de café où toutes les dames sont en peignoiret tête nue, — en cheveux, comme elles disent plus volontiers.

Dans un Bordel chic, l'arrivant est introduit dans un salon tout à fait select.

Sur un guéridon sont des albums contenan les photographies des dames disponibles.

Vous pouvez choisir et demander Mlle Bertha ou Mlle Georgette.

Beaucoup de messieurs préfèrent qu'on leur pré sente à la fois toutes les dames inoccupées dans le moment.

C'est alors que la maîtresse ou la sous-maîtresse passe de chambre en chambre et prononce, à chaque porte qu'elle entr'ouvre, le fameux :

— Toutes ces dames au salon !

Alors le « client » qui les a demandées voit arriver une dizaine de superbes filles de tout poil, de toute taille, souriantes, jouant de l'œil, se rendant par mille manières gracieuses et désirables.

Il se peut que le monsieur et la belle qu'il a choisie s'enferment immédiatement dans une chambre et que les autres femmes retournent à... leur poste.

Mais, le plus souvent, sollicité par toute la bande à la fois, le « miché chic » reste au salon et et offre des consommations à toute la bande.

Là ce n'est pas un simple bock que l'on boit, mais des liqueurs fines et, surtout, du Champagne.

D'ailleurs, il n'est pas rare que des gentlemen ne viennent là que pour voir, boire et... dire — pas faire — des... cochonneries, car, selon le chansonnier Bachmann : « Que serait la vie si l'on n'en disait pas ? »

Vous aurez peut-être la curiosité de visiter des *Boxons* de toutes les catégories.

Cela vous sera très facile, mon cher lecteur, car je vais vous les indiquer tous, — ou à peu près, — depuis le plus « *smart* » jusqu'au plus « *moche* ».

Dans les faubourgs, on appelle les Bordels par leur numéro, et l'on dit : **Le 25, le 73**, etc.

Les *Maisons closes* des rangs supérieurs portent le nom de la rue où ils sont. On dit, par exemple : *Le Chabanais* (rue Chabanais); *le Taitbout* (rue Taitbout).

LE CHABANAIS, situé près la *Bibliothèque nationale* (rue Chabanais, n° 12), est, sans contredit, le *Bordel extra-chic* de Paris.

La spécialité de cette Maison est d'offrir à ses clients des femmes de différentes nationalités.

Ces femmes, Françaises, Italiennes, Anglaises, Turques ou Japonaises, sont jolies chacune à leur manière et leurs façons d'agir n'ont rien de répugnant.

Ce Bordel, fo t simple à l'extérieur, est, intérieurement, d'une richesse inouïe, — et très curieux.

Ce n'est pas là que vont faire *la noce* les employés à deux cents francs par mois!

La Maison est *chic*, mais chère!

Aussi, comme le chantait Plébins à l'Eldorado : « N'y a qu'les rupins qui peuv'nt s'payer ça! »

Si j'ai pu dire du *Chabanais*, dont la réputation est européenne, qu'il est le premier des bordels, c'est que je n'ai pas à craindre de contradiction, mais je n'assignerai pas de rang aux autres *Maisons closes* de marque, àu moins entre elles, les tenanciers pouvant ne pas être satisfaits de mon appréciation et, jaloux, me... traîner aux gémonies,—ce qui serait pour moi fichtrement vexant, pas vrai?

Je classerai donc dans la même catégorie les maisons se valant à peu près, ne voulant être nuisible pour personne et tenant à ne pas me départir de mon habituelle impartialité.

Donc, j'estime que vous visiterez avec un égal contentement, après le *Chabanais*, les *Maisons closes* jouissant à Paris d'une vogue qui s'agrandit en vieillissant, et situées :

56, RUE TAITBOUT, près la Trinité.

4, RUE JOUBERT, Chaussée d'Antin.

14, RUE MONTHYON, près les Folies-Bergère.

8 et 10, RUE D'AMBOISE, près l'Opéra-Comique.

6, RUE DES MOULINS, près la Fontaine Molière.
11, RUE THÉRÈSE, près la Fontaine Molière.
12, RUE FEYDEAU, près la Bourse.
2 et 5, RUE DE LONDRES, près la Trinité.
6, RUE DES MOULINS, près le Square Louvois.
92, RUE DE PROVENCE, près la gare Saint-Lazare.
16, 22 et 30, RUE LA FERRIÈRE, près le Bal Tabarin.

⁂

D'autres *claques* très « courus », où vont se divertir de nombreux provinciaux et étrangers de passage à Paris, sont situés :

25, RUE Ste-APPOLINE, près la porte Saint-Denis.
32, RUE BLONDEL, près la Porte Saint-Denis.
39, RUE SAINTE-ANNE, près la Bourse.
131, RUE D'ABOUKIR, près la Bourse.
42, RUE MAZARINE, près le Pont-Neuf.
5, RUE DE QUATRE-VENTS, près Saint-Sulpice.
9, RUE J.-J. ROUSSEAU, près la Bourse du Commerce
8, RUE COLBERT, près la Bibliothèque Nationale.
37, RUE DES PETITS-CARREAUX, près le Th. du Gymnase

⁂

Vous, mon cher lecteur, qui êtes un gentleman, si vous visitez les *Maisons de tolérance* inscrites ci-dessous, ce ne peut être pour y prendre du plaisir, mais seulement pour vous *documenter*. A ce titre, elles valent d'être vues.

Les « *pierreuses* » fatiguées du Trottoir, lassées de faire la navette de la Chapelle à Charonne, de la Bastille à l'Hôtel-de-Ville, de la Tour Saint-Jacques à la Porte Saint-Martin, trajet qu'elles firent dix heures par jour pendant dix ans et plus, sont entrées dans ces boxons pour se reposer, comme des ouvrières éreintées vont au sanatorium se retremper un peu.

Les mieux conservées sont les plus demandées, et elles... *marchent* jusqu'à dix, quinze et vingt fois, les samedis soirs, jours de paye, où les ouvriers avinés viennent en grand nombre... gaspiller le fruit d'une semaine de travail !

164, BOULEVARD DE LA VILLETTE,
214, BOULEVARD DE LA VILLETTE,
226, BOULEVARD DE LA VILLETTE,
non loin des Buttes Chaumont.
70, BOULEVARD DE BELLEVILLE,
non loin de la place de la République.
24, RUE SAINTE-FOY, près la porte Saint-Denis.
10, RUE DE FOURCY, près les Halles.
15, RUE JEAN-BEAUSIRE, près l'Arsenal.
23, RUE MAITREALBERT, place Maubert, quart. latin.
112, RUE DE MONTREUIL, non loin de la Bastille.
19, RUE TRAVERSIÈRE, non loin de la Bastille.
2, PASSAGE BESSIÈRE, au bout de l'avenue de Clichy.
7, RUE JOLIVET, près la Gare Montparnasse.
17, RUE JOLIVET, près la Gare Montparnasse.
162, BOULEVARD DE GRENELLE, près l'Ecole Militaire
22, AVENUE LOWENDAL, près l'Ecole Militaire.
106, AVENUE DE SUFFREN, près l'Ecole Mititaire.
106, BOULEVARD DE LA CHAPELLE,
près la Gaîté Rochechouart

BON PRINCIPE

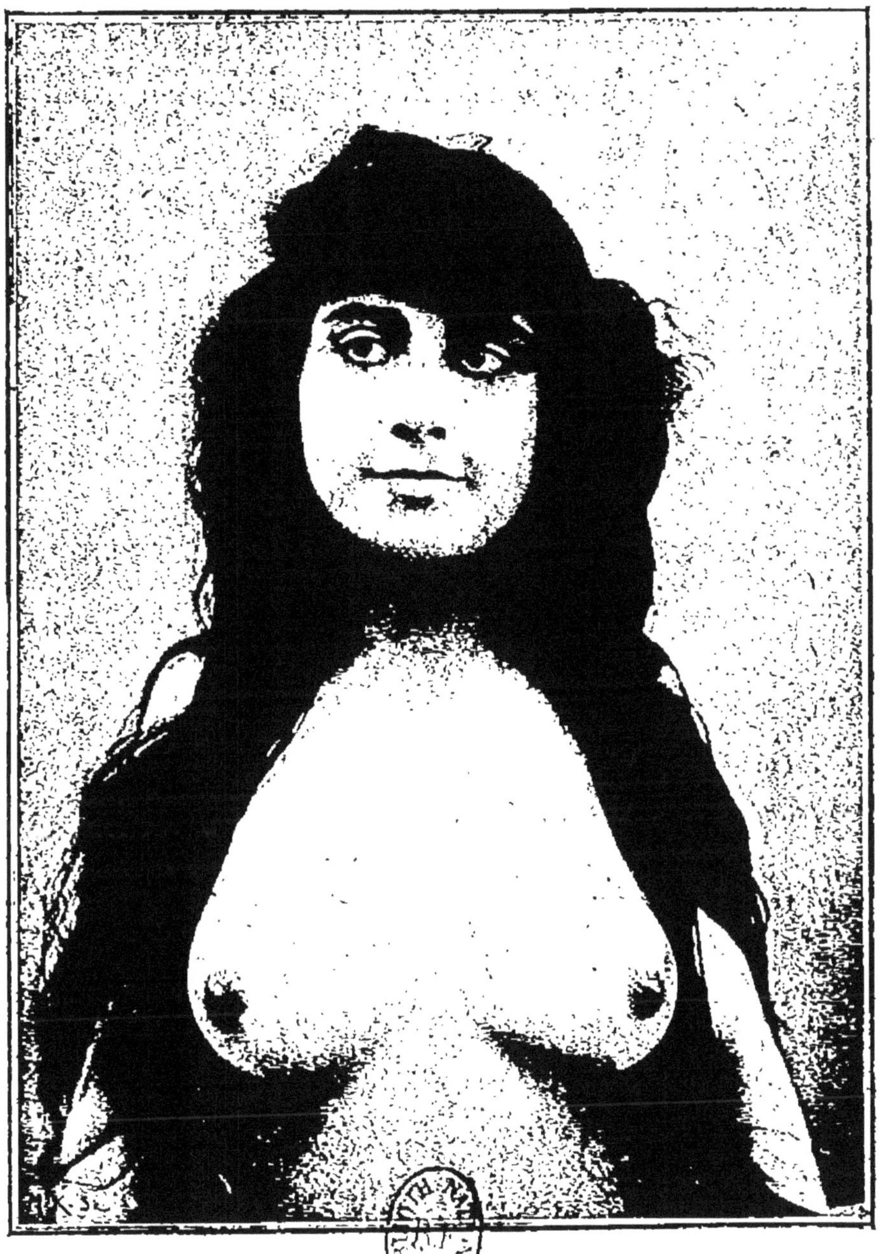

Quand j'étais gosse, maman me disait : « C'est vilain d'être cachottière ». Alors, j'ai pris l'habitude de ne rien cacher.

Dans une des vieilles rues voisines de l'Hôtel-de-Ville et dont je me suis occupé d'autre part (Voir chapitre *Bas-fonds*), est situé le pire des bordels que j'ai visités.

Le soir où je pénétrai dans ce... — plutôt cloaque que *claque*, — une douzaine d'individus étaient là, gueulant, — dég... aussi, — fumant du tabac puant, acheté à la Foire aux Mégots (Voir *Bas-fonds*), pelotant d'épouvantables maritornes et tenant les plus orduriers propos.

C'étaient, pour la plupart, des « Mendigots » dépenaillés, hirsutes, crasseux et remplis de toutes les vermines, se grattant à toute minute et écrasant des petites bêtes, — dites *parasites*, — tout en bécottant des « *poules* » de cinquante ans, décharnées, édentées, dont mon confrère Alphonse Gallais, qui m'accompagnait, put dire, non sans quelque raison :

— Viande à Macquart !

(Macquart enlève les animaux crevés sur la voie publique.)

En effet, ces malheureuses avaient l'air si délabrées que nous nous demandâmes comment des hommes, mêmes sales et repoussants, pouvaient, en présence de telles créatures, arriver à consommer *l'acte charnel*, but évident de leur venue en ce lieu... *d'allégresse et d'amour !!!*

Pauvres vieilles femmes !

N'inspirent-elles pas plus de pitié que de mépris ?

Si j'étais millionnaire, — sans blague, — je

fonderais l'*Œuvre des Invalides de la Prostitution*, car c'est surtout, — à ce qu'il me semble, — dans cet état-là qu'il doit être pénible de *travailler* encore, à cinquante ans sonnés.

Une des « *Viande à Macquart* » dont j'ai parlé avait encore dans la physionomie quelque chose d'assez noble, et, dans les yeux, qui durent autrefois être très beaux, des lueurs d'intelligence.

Il se peut qu'acculée à la pire misère, ne trouvant plus à travailler honnêtement, cette femme se soit réfugiée là pour ne pas mourir de faim !

Quelle torture, alors, pour elle, que d'être obligée de souffrir les ignobles contacts d'hommes ivres, dégoûtants, brutaux et grossiers !

A sa place... j'aimerais mieux me jeter dans la Seine.

Mais les plus malheureux, les plus affligés, aiment quand même la vie, et c'est en se vautrant dans la fange qu'ils se donnent parfois l'illusion du bonheur !

⁂

La belle XXX, pensionnaire du TAITBOUT, voulut bien, un soir, me donner moult renseignements dont j'avais besoin.

Au moment où je la remerciais avant de me retirer, elle me demanda si je n'avais pas quelque chose à lui offrir en souvenir de moi.

Je me fouillai et trouvai dans ma poche quelques exemplaires d'une chanson de mon crû.

J'en donnai un à XXX, qui l'ayant regardé, s'écria, étonnée :

— Tiens! tu connais Machin? (Machin, c'était le nom de l'éditeur, imprimé au bas de la couverture).

— Il y a longtemps, dis-je.

Alors, la belle XXX ajouta :

— Moi aussi.

— Tu as donc été dans la musique? lui demandai-je, ou bien... Machin est-il... ton client, ici?

— Es-tu discret, d'abord?

— Oh! très discret, je t'assure.

— Eh bien, ne dis rien de moi à ce sujet, tais mon nom, et appelle Machin M. Untel, mais raconte ce que je vais te dire, ça amusera tes lecteurs.

— Je t'écoute.

— Machin, éditeur de musique, officier d'académie, notable commerçant, est en même temps... patron de bordel.

Je sursautai :

— Pas possible!.. Tu ne te trompes pas?.. Je n'en savais rien.

— Parbleu! tu penses bien qu'il ne s'en flatte pas; il se contente d'empocher le « beau pognon » que ça lui rapporte.

— Comment l'as-tu appris?

— J'ai travaillé dans sa boîte.

— Laquelle? La maison d'édition ou la maison close?

— Tu blagues!.. Au boxon. Est-ce que je sais quelque chose dans la musique, moi?

— Et alors?

— Alors, mon vieux, tu peux te renseigner, tu verras que je ne mens pas : Machin est le patron du bordel de la rue...

(J'ai promis d'être discret, mais il s'agit d'un établissement hospitalier très connu.)

— ... J'y ai travaillé pendant trois ans, ajouta la belle XXX, et comme j'étais très bien, — oh! mais bien, bien, bien, — avec la maîtresse, c'est elle-même qui m'a tout dit.

Or, j'ai vérifié, — ce ne fut pas facile, — et, à mon tour, je peux certifier ceci :

M. Machin, *officier d'Académie,* éditeur de musique, à la tête d'une maison fort connue depuis un grand nombre d'années, dirige également une *maison close!* Tandis que, dans son bureau, il reçoit les auteurs et compositeurs, sa femme (je ne sais si elle est légitime), qui est son alter ego, s'occupe avec beaucoup de tact, — dit-on, — du... *poulailler.*

« *L'argent n'a pas d'odeur,* » doit se dire M. Machin, et il s'assure, par le cumul des professions lucratives, une vieillesse heureuse! Il sera un jour maire de son village, et Mme Machin le secondera encore quand il devra couronner des rosières!

Et je ris, moi, en achevant ce curieux chapitre en tête duquel j'aurais pu écrire : *Musique, palmes violettes et prostitution!* — titre ronflant et sensationnel!

Brasseries de Femmes

Si vous êtes timide; si vous n'osez, en public, — dans un music-hall par exemple, vous adresser à une dame et lui parler... d'amour, vous ayez une ressource : la *Brasserie de femmes.*

Là, point n'est besoin d'être hardi, de faire des phrases, de jouer de la prunelle : les femmes viennent à vous d'elles-mêmes !

Dans ces brasseries, en effet, ce sont de belles filles qui font le service, et voici comment les choses se passent :

Vous entrez et vous vous installez à l'une des tables.

Chaque femme étant désignée pour servir à deux ou trois tables, selon leur nombre, la servante à qui appartient celle où vous êtes s'approche et vous demande, en souriant, ce que vous désirez boire.

Quand elle vous apporte la consommation demandée, elle prend place à côté de vous, et bavarde.

— M'offrez-vous quelque chose? dit-elle, avant tout.

Naturellement, vous répondez :

— Mais oui, comment donc ! tout ce que vous voudrez.

Alors, elle se sert une liqueur chère, car il faut faire « aller le commerce. »

Vous trinquez, vous buvez et vous causez.

Si une ou deux — voire même trois ou quatre autres dames — ne sont pas occupées, toujours pour faire aller les affaires, elles vous demandent également si vous ne les « régalez » pas.

Vous « marchez » et vous voilà entouré d'une demi-douzaine de femmes, — brunes, blondes et rousses, — parmi lesquelles vous n'avez plus qu'à choisir, car ces servantes sont des *dames galantes* prêtes à... vous faire plaisir, soit immédiatement, soit sur rendez-vous.

Des faits scandaleux trop fréquents ont motivé la fermeture d'un grand nombre de ces brasseries spéciales, qu'il ne faut pas confondre avec les *Maisons closes*, mais plus de cent femmes, dont plusieurs sont très belles, sont à votre disposition, soit auprès du

LUXEMBOURG (quartier Latin)

aux Brasseries:

LYONNAISE, 13, rue Monsieur-le-Prince.

DU CYGNE, 57, rue Monsieur-le-Prince.

DU COUCOU, 65, rue Monsieur-le-Prince.

DU FURET, 8, rue de Vaugirard.

DU COQ-HARDY, 10, rue de Vaugirard.

DU GRAND DUC, 14, rue de Vaugirard.

DE LA PERLE, 13, rue Jean-de-Beauvais

COQUETTE, 18, rue de la Harpe.

SERMENT D'AMOUR

Il disait « Belle, nos amours dureront autant que mes jours. » Mais il s'enfuit dès qu'il eût cueilli ma fleur ! C'est dommage... il était riche.

soit, non loin de la PLACE PIGALLE (Montmartre), aux Brasseries :

DU HANNETON, 75, rue Pigalle.
DU BON BOCK, 1, rue Dancourt.
DU CHARDON, 21, rue de la Nation
WALTER, 3, rue de la Nation.
DU COUCOU, 90, Boulevard Rochechouart.

soit encore, près la PORTE SAINT-DENIS (Centre), aux Brasseries :

DES ÉTOILES, 10, rue de Tracy.
DE LA RUCHE, 6, rue de Tracy.
SANS-GÊNE, 8, rue de Tracy.
DES VÉLOS, 16, rue Blondel.
MADELEINE, 92, rue d'Aboukir.
DU CHAT-NOIR, 3, rue de la Lune.
DU CAPRICE, 234, rue Saint-Denis.
ORIENTALE, 64, rue de Bondy.
DU PRODIGUE, 161, rue Amelot.

Avec leurs chignons fleuris, leurs sacoches pendues à la taille, leur joyeux bagout et leurs poitrines superbes, les femmes de brasseries sont tentantes et excitantes.

Attention ! Le *pelotage* est interdit dans la salle.

Le mieux est d'y aller après minuit, et d'emmener avec soi, à 3 h. du matin (fermeture), la belle que l'on a choisie.

Brasseries, Cafés, Restaurants

Où se réunissent les Femmes

Remplis ton verre vide,
Vide ton verre plein!
Ne laisse jamais dans ta main
Ton verre ni vide ni plein!

Ils sont bien trop nombreux pour que j'entreprenne d'en dresser la liste complète, mais j'en inscrirai ici une assez grande quantité pour satisfaire la curiosité insatiable de ceux de mes lecteurs qui veulent tout voir et tout savoir.

Dans tous ceux cités ci-après abondent les *dames galantes* faisant « *corbeille* », en attendant le « monsieur chic » qui les invitera à souper et à... *dormir*.

Dans tous également des tziganes exacerbent les nerfs des consommateurs en jouant des *valses lentes* et — pas partout heureusement — en faisant de trop fréquentes quêtes.

Aujourd'hui, même les Bars — ces cafés des pauvres — ont leur orchestre... mécanique et nous verrons bientôt sans doute les charbonniers installer.

dans les petits débits de boissons annexes à leurs magasins de coke, de boulets Bernot et de fagots, un joueur d'accordéon ou de musette. Ah! fouchtra! que che chera rigoleboche d'entendre la « Machetagouine » en chervant les clientes, bougri de bougra!

En attendant, mon cher lecteur, faisons un tour aux environs de l'Opéra, — c'est plus *smart*!

CAFÉ-RESTAURANT DE PARIS,
41, avenue de l'Opéra.

SYLVAIN, 12, rue Halévy.

BOULEVARD DES CAPUCINES

1, CAFÉ-GLACIER AMÉRICAIN,
3, CAFÉ-RESTAURANT JULIEN,
4, CAFÉ-RESTAURANT NAPOLITAIN,
12, CAFÉ DU GRAND-HOTEL,
14, GRAND CAFÉ,
28, TAVERNE OLYMPIA,
43, TAVERNE TOURTEL.

BOULEVARD DES ITALIENS

1, CAFÉ-RESTAURANT DU CARDINAL,
16, CAFÉ RICHE,
38, RESTAURANT PAILLARD.

BOULEVARD MONTMARTRE

5 CAFÉ-RESTAURANT DE SUÈDE,
6 CAFÉ-RESTAURANT DE MADRID.

9, CAFÉ-RESTAURANT DES VARIÉTÉS
10, CAFÉ-RESTAURANT DES PRINCES,
10, CAFÉ-RESTAURANT DE LA TERRASSE,
12, CAFÉ-RESTAURANT JOUFFROY,
13, CAFÉ-RESTAURANT VÉRON,
14, CAFÉ-RESTAURANT GRANDE-MAXÉVILLE.

A LA MADELEINE

DURAND, 2, place de la Madeleine,
TAVERNE 1900, 25, boulevard de la Madeleine.
AMÉRICAN-BAR-RESTAURANT MAXIM'S, 3, rue Royale.

FAUBOURG MONTMARTRE

16, GRANDE TAVERNE.

(A voir dans tous ses coins et recoins, fort curieuse. Musique; femmes par quarterons; nombreux public).

RUE MONTMARTRE

125, CAFÉ-CONCERT DE LA PRESSE,
149, TAVERNE DU COQ-D'OR,

BOULEVARD POISSONNIÈRE

32, TAVERNE BRÉBANT,
LAPRÉ, 24, rue Drouot,

BOULEVARD BONNE-NOUVELLE

31, BRASSERIE DUCASTAING,
34, MARGUERY, (Café-Restaurant du Gymnase).

BOULEVARD SAINT-DENIS (près la Porte)

12, CAFÉ-FRANÇAIS,
14, MAIRE, (Café-Restaurant),
15, TAVERNE GRUBER,
71, TAVERNE DU NÈGRE.

BOULEVARD SAINT-MARTIN

LECOMTE, 50, rue de Bondy.

BOULEVARD DU TEMPLE
(Place de la République)

29, BONVALET, (Café-Restaurant),
39, GRANDE BRASSERIE RUSSE.

BOULEVARD DE STRASBOURG
(Chanteuses des Cafés-Concerts)

2, TAVERNE PSCHORR,
ELDORADO, (Café de l')
7, TAVERNE DES ARTS,
8, CAFÉ DU GLOBE,
(Curieux par le grand nombre de ses billards).

PLACE DE LA RÉPUBLIQUE

8, AMÉRICAIN, (Grand Café-Restaurant),
20, TAVERNE DE PARIS (dite : La Vacherie)

Rien que dans ces deux établissements, on trouverait assez de femmes pour marier tous les hommes d'un régiment sur le pied de guerre !

Maintenant, cher lecteur, laissez chez vous votre morgue, prenez un air plus dégagé, mettez votre chapeau sur l'oreille. faites rire vos yeux et montez

A MONTMARTRE !

Au pied de la Butte, les cafés, les restaurants, ne sont pas de « grand luxe », mais ce sont certainement les plus gais de Paris et, sans conteste, les mieux fournis en charmantes femmes, joyeuses et spirituelles.

Dans quelques-uns, vous trouverez tout le confort et toute l'élégance desquels peut-être vous ne sauriez vous dispenser, même une seule fois.

Rappelez-vous qu'il n'est question dans ce chapitre que des *cafés et restaurants.*

Les cabarets artistiques et autres attractions de Montmartre sont cités sous des rubriques spéciales. *(Voir la table des matières.)*

PLACE PIGALLE

L'ABBAYE,
LE RAT MORT,
TABARIN, 58, rue Pigalle,
NOUVELLE ATHÈNES,
JULIANO, 3, rue Frochot,
GAVERNI, 1, rue Chaptal.

Les hommes sont tout de même gentils... plus je me moque d'eux, plus ils « casquent. »

PLACE BLANCHE

TAVERNE DU MOULIN ROUGE,
GRANDE BRASSERIE,
CAPITOLE, 58, rue Notre-Dame de Nazareth.
VICTORIA, 82, boulevard de Clichy,
GRAFF, 86, boulevard de Clichy,
Princess'restaurant, 6, rue Fontaine.

PLACE CLICHY

WEPLER,
GUIBOUT,
MULLER, avenue de Clichy,
PARIS (Taverne de), 5, avenue de Clichy.

BOULEVARD DE CLICHY

6, L'ERMITAGE,
72, BRASSERIE LÉON,
LONDON-HOUSE, 120, boulevard Rochechouart (la Cigale).

A gauche, à droite et en face de la

GARE SAINT-LAZARE

sont des Cafés-Restaurants chics, « munitionnés »,

comme dit Gustave Frison, de femmes « épatantes » et de tziganes... Parisiens, Marseillais ou Bordelais... déguisés en Hongrois — car, à Paris, si l'on sacrifie beaucoup à Vénus, le tribut n'est pas mince que l'on paye à la Mode. Or, paraît-il, la Mode, impérieuse et bizarre, exige qu'en notre capitale un tzigane passe pour être Hongrois ! Que c'est stupide ! Mais il y a pire : pourquoi donc ces musiciens, la plupart véritables artistes et de bonnes familles, sont-ils appelés tziganes ?... Tzigane, si j'en crois Larousse, qui si connaît un peu, est synonyme de vagabond. Je ne comprends pas !

S'il fait beau temps, installez-vous à la terrasse, soit du café de

L'HOTEL TERMINUS

soit, juste en face cet hôtel, à la terrasse de la

BRASSERIE MOLARD

De là vous jouirez d'un coup d'œil incomparable.

Au milieu d'un public grouillant, d'autos, d'omnibus, de voitures diverses et sans nombre, se meuvent, allant, venant, tournant, repassant mille et mille fois à la même place, environ deux mille « marcheuses » infatigables, cherchant fortune autour... de la gare et donnant à ce « coin » de Paris une animation toute particulière.

A côté des cafés que j'ai cités, il y en a toute une agglomération qu'il serait oiseux d'inscrire ici puisqu'ils se touchent tous et que, forcément, de l'un vous verrez l'autre.

Attention! C'est principalement aux environs immédiats de la gare Saint-Lazare que les filous et les entôleuses exercent leur petite industrie. (Voir chapitre *Bons conseils.*)

N'allez pas auprès des gares d'Orsay, du Nord, de l'Est, de Lyon, de Montparnasse, etc., espérant jouir de spectacles identiques à celui de la rue Saint-Lazare (gare), car vous seriez déçu. Aucune comparaison n'est possible, bien que soient très « vivants » les abords de toutes les gares parisiennes.

⊣o⊢

Les HALLES sont à voir, mais après minuit seulement. Nombreux restaurants ne fermant jamais; bataillons de femmes, accommodantes et gaies.

Curieux *Bas-fonds*. (Voir au chapitre des *Attractions.*)

Le plus chic restaurant des halles, c'est

BARATTE

10, rue Berger.

mais si vous ne voulez pas y souper seul, emmenez-y une ou plusieurs dames, car vous n'en trouverez pas, dans cet établissement, attendant un généreux convive.

Les *dames seules* sont réunies, en grand nombre, au

GRAND COMPTOIR

4, rue Pierre-Lescot.

Où vous en trouverez également, c'est chez le

PÈRE DENIS

80, rue Rambuteau.

Curieux coup d'œil, public mélangé, études à faire dans ces autres restaurants de nuit, aux Halles :

RUE PIERRE-LESCOT

6, DEUX PAVILLONS,

8, BON CHASSEUR,

12, BON PÊCHEUR,

14, PÈRE TRANQUILLE.

Il en est encore beaucoup d'autres, mais il est entendu, n'est-ce pas ? qu'en ce livre je ne cite, dans chaque catégorie, que les principaux établissements, — ceux où vous trouverez « *du jupon* », comme on dit ici sans façon, et de l'amusement.

De l'amusement ! certes, vous en eûtes à Montmartre, aux Halles, partout où vous allâtes, dans ce Paris où, — vous avez pu le constater, — les gens ont constamment l'air si content, si joyeux, même en travaillant, qu'on pourrait croire qu'ils ont tous gagné le gros lot !

Mais que sera-ce, mon cher lecteur, si, comme je vous y invite, vous faites un tour au turbulent

QUARTIER LATIN ?

Cafés « épatants », cocodettes charmantes, fol entrain des « voyous distingués » que sont nos étudiants, aux heures roses des récréations et des monomes, tout cela, sûrement, vous causera une indicible joie.

Sur le BOUL'MICH' (Boulevard Saint-Michel) les cafés-restaurants (au hasard)

18, DE LA JEUNE FRANCE,
47, D'HARCOURT,
27, VACHETTE,
63, DU PANTHÉON,
DE LA SOURCE.

A deux pas du Boul' Mich', d'autres cafés, non moins attrayants, surtout

L'ALSACIENNE
rue du Sommerard, en face le musée de Cluny.

Puis :

BALZAR
rue des Écoles.

GAMBRINUS
5, rue de Médicis.

VOLTAIRE
Place de l'Odéon.

DU RHIN
Place de la Sorbonne.

DE LA JEUNESSE
4, avenue d'Orléans.

Nos futurs chirurgiens sont de gais compagnons et il se peut que vous les entendiez chanter, ivres de joie et de jeunesse,

LA MARCHE DES CARABINS

simple chansonnette de Victor LECA, (musique de LUST,) le bien connu chef d'orchestre parisien.

I

L'apprenti docteur
Est un chahuteur
Et, comme un acteur,
Jouant plus d'un rôle,
Il est sérieux,
Grave et studieux,
Ou bien un joyeux
Bon vivant, très drôle.
Hors de l'hôpital,
Il fait bacchanal,
A Bullier, — au Bal,
Aux bell' il se frôle.

REFRAIN

Le Carabin n'est pas carabinier
Et ne se sert que d'armes blanches ;
Quand de chair, il coupe des tranches,
Il a l'air d'un vrai charcutier !
Excellentimus doctorum,

JOYEUSES

L'Ennui n'entre jamais chez nous,
En notre coquet domicile,
On passe des instants très doux,
Si l'on a... le louis facile.

Virtuose du spéculum,
Il a souvent notre *vie* en sa main
Le bon Carabin!

II

Gai comm' Little Pich,
De tout il se fich'
Et, sur le Boul' Mich',
Oubliant les fièvres,
Il fait, sans orgueil,
Un très bon accueil
A cell' qui font d'l'œil
De façons mièvres.
Alors, sans détour,
Comme un troubadour,
Il parle d'amour
En offrant ses lèvres.

III

Au malade en pleur',
Calmant la douleur,
L'Carabin, charmeur,
Est très sympathique.
Il a du talent
Sans être pédant,
Mais il est galant
Et, dans sa Clinique,
Monsieur le savant
Devient très souvent
L'bienheureux amant
D'un' femm' magnifique!

IV

Il coupe un artèr',
Tripote un cancer,

Enlève un ovair
Sans nul persiflage.
Des maux variés
Des gens mariés,
Ou d'avariés
D'un' heur' de collage;
L'Carabin en rit,
Mais il les guérit :
Il est le chéri
De ceux qu'il soulage!

Cela ne vaut pas le *dignus est intrare* de Molière, mais qu'importe, pourvu qu'on rigole!

Rigoler! c'est se *tordre*, se *poiler*, se *marer*, selon le rang, dans la Bicherie, de la jolie femme que vous aurez choisie pour partager vos plaisirs.

Or, vous rigolerez, quand vous irez, dans ce but, passer une soirée à la

PORTE-MAILLOT (avenue de la Grande-Armée)

camp général des chauffeurs et des cyclistes. des gracieuses velocewomen.

Un joyeux brouhaha règne en cet endroit où le « Jupon » domine.

L'EXCELSIOR
L'ESPÉRANCE
LES SPORTS

Sont des établissements où le viveur jouit d'un bien-être extrême et peut choisir, entre cent, une aimable compagne.

Il faut cinq minutes seulement pour se rendre, de la Porte-Maillot, au

BOIS DE BOULOGNE

ce paradis terrestre qu'on ne peut se dispenser de visiter si l'on tient à pouvoir dire : « J'ai vu tout le *Paris-Noceur* ».

Là, en effet, sont installés des établissements superbes, de premier ordre, où se réunissent les grâces, les plaisirs et l'amour :

LE PRÉ CATELAN
LE CHALET DES ILES
LES CHALETS DU CYGNE
LE PAVILLON CHINOIS
LE PAVILLON D'ARMENONVILLE, etc., etc.

Puissiez-vous chanter après un tour par là !

En sortant du Bois
J'ai trouvé trois filles,
Les trois sont gentilles
Et j'aime les trois !

Voulez-vous voir un spectacle tout à fait charmant, — à propos de cafés ?

Un jour, déjeunez plus tôt, — ou plus tard, — et allez flâner, en fumant un cigare, dans le tronçon du Faubourg Saint-Denis (près la Porte) compris de la rue de l'Echiquier à la rue des

Petites-Écuries, entre onze heures et demie et une heure et quart.

Vous verrez des myriades de petites ouvrières, ces fées gracieuses qui savent faire tant de belles choses dont jouissent seules les dames riches.

Elles viennent de déjeuner d'une demi-portion, d'un sou de pain, d'un verre de vin ; mais, à les voir si pimpantes, si rieuses, si exubérantes, on croirait que des mets fins et copieux et que le champagne causent leur hilarité et leur joie.

Où vont-elles, par bandes, jasant, blaguant, chantant ? Là, en face, au petit Bar, où elles vont s'offrir, pour deux sous, une tasse de café !

Et si vous en voyez au bras de jeunes gens, ouvriers comme elles, ne pensez pas qu'elles sont disposées à se laisser enjoler par le premier venu, même chic comme vous l'êtes.

Très frondeuses, ces gentilles Mimi-Pinsonnettes n'éprouvent pas le besoin de cacher leurs amours : en pleine rue, avant de retourner s'atteler au « turbin », elles embrassent sans honte les amants qu'elles aiment, — courageux travailleurs, — mais elles disent : Zut ! aux passants inconnus qui les reluquent de trop près.

Ce coin que je viens de vous indiquer n'est pas e seul offrant cette animation à la même heure, mais il est un des plus typiques.

Il faut voir cela : l'ouvrière parisienne à l'heure du café !

TROISIÈME PARTIE

Toutes les Attractions

Cabarets Artistiques

Music-Halls, Concerts, Théâtres. Bals

Toujours des Femmes!

Traite des Blanches, Ranz des Vaches

ENIGME

Oh! retiens-moi donc, niquedouille!
Tu vois bien que je m'évanouille.
Mais, qu'est-ce que c'est? Qu'as-tu fait?
Ah! quel drôle d'effet!

TROISIEME PARTIE

TOUTES LES ATTRACTIONS

Cabarets Littéraires et Artistiques

De ces cabarets où l'on glose
Avec tant d'esprit et d'humour,
N'en parler qu'en simplette prose,
Serait démontrer peu d'amour
Pour la Rime.
Ne voulant commettre ce crime,
En ces petits vers sans façon,
Des vrais maîtres de LA CHANSON
Je vais parler un peu, — pour rire
Sans médire.

-o✿o-

De tous, vraiment, le plus féroce,
Est bien l'aristarque FURSY,

Si blagueur, qu'on le nomme ainsi •
Roi de la chanson rosse.

Le barde BONNAUD (Dominique
Méticuleux observateur,
Chansonne tout et fait la nique
Au Ridicule, avec hauteur.

Vincent HYSPA, qui fait tant rire,
Ne peut être appelé... nigaud,
Mais il n'a de commun avec le grand Hugo,
— Est-ce impertinent de l'écrire? —
Que ses initiales : V. H.,
Quand il ne signe qu'en... agrach.

Marcel LEGAY, lui, dès qu'il chan
Les airs qu'il compose, il enchante,
Car son talent est aussi... long
Que ses cheveux à l'Absalon.

Le « chineur » LEMERCIER (Eugène),
Comme Thérèse Humbert zézaye un petit peu,
Mais ce bon *chansonnier sans-gêne*
Comme nous tous, fait ce qu'il peut
Et cela sans le moindre effort,
Car il a, lui, le « *coffre* » *fort*.

Xavier PRIVAS, membre influent
De LA CHANSON. — dont il est prince,

A l'organe tonitruant
Et sa bedaine n'est pas mince.
Ce barde fait
Beaucoup d'effet,
Etant bâti comme un lutteur antique,
Mais ce n'est pas pour ça, non, que la République
L'a nommé, pour son bonheur,
Chevalier de la Légion d'Honneur.

Ah! qu'il en est d'autres,
De ces bons apôtres,
Qui, chaque soir, au Cabaret,
Rendent le public guilleret!

Numa BLÈS, BALTHA, MÉVISTO,
MONTOYA, MARINIER, DELPHIN,
Ayant tous l'esprit le plus fin
Et qu'on quitte toujours trop tôt...
CHEPFER, TEULET, MÉRELL, FALLOT,
VALFORT... j'en passe... tout un lot,
Ne sachant pas si je prolonge
Votre plaisir autant que ma liste s'allonge.

Après avoir nommé, sans art et sans adresse,
Les chansonniers fameux de Montmartre et d'ailleurs,
Je vous dis : Allez donc entendre les meilleurs
Dans chaque cabaret, dont, ci-dessous, l'adresse.

LES QUAT'-Z'ARTS
62, boulevard de Clichy, Montmartre.

LA BOITE A FURSY
58, rue Pigalle. Montmartre.

LA LUNE ROUSSE

36, boulevard de Clichy, Montmartre.

LE CONSERVATOIRE DE MONTMARTRE

108, boulevard Rochechouart.

BRUANT (Aristide)

84, boulevard Rochechouart, Montmartre.

LITTLE-PALACE

42, rue de Douai, Montmartre.

LES TRUANDS

100, boulevard de Clichy, Montmartre.

LE CHAT NOIR (nouveau)

68, boulevard de Clichy.

LE NÉANT

34, boulevard de Clichy, Montmartre.

LE CIEL, L'ENFER

53, boulevard de Clichy, Montmartre.

LE CARILLON

30, boulevard Bonne-Nouvelle, Centre.

LE CAVEAU

23, place de la République, Centre.

LES NOCTAMBULES

7, rue Champollion, Quartier Latin.

LA PIE QUI CHANTE

159, rue Montmartre, Centre.

LE GRELOT

Place Blanche, Montmartre.

MONICO

Place Pigalle, Montmartre.

CAVEAU DU CERCLE
119, boulevard Saint-Germain, Quartier Latin.

LA JEUNESSE
15, rue Champollion, Quartier Latin.

Dans ces Cabarets où l'on glose
Avec tant d'esprit et d'humour,
Vous rencontrerez, toute rose,
Une belle prête à l'amour.

Musics-Halls, Cafés-Concerts

On en compte actuellement une centaine à Paris.

Je n'indique, ci-dessous, que les principaux; ceux où un élégant fréquente avec plaisir et où d'exquises demi-mondaines rehaussent l'éclat du spectacle :

OLYMPIA
28, boulevard des Capucines.

PARISIANA
27, boulevard Poissonnière.

FOLIES-BERGÈRE
58, rue Richer.

MOULIN ROUGE
Place Blanche.

CASINO DE PARIS
16, rue de Clichy.

SCALA
13, boulevard de Strasbourg.

ELDORADO
4, boulevard de Strasbourg.

CIGALE
120, boulevard Rochechouart.

EUROPÉEN
Place Clichy (rue Biot).

GAITÉ ROCHECHOUART
9, boulevard Rochechouart

PÉPINIÈRE
9, rue de la Pépinière.

PARISIEN
37, faubourg Saint-Denis.

CASINO DE MONTMARTRE
47, boulevard de Clichy

En plein été, ces établissements jouent, comme dit Gavroche, « *Le Repos des Banquettes* », c'est-à-dire qu'ils sont fermés — sauf quelques-uns, peut-être (en juin, juillet et août, consulter les journaux). Mais il en est d'autres qui, au contraire, fermés l'hiver, sont des Edens de fraîcheur, où dames et messieurs sont heureux de se rencontrer après une journée caniculaire :

ALCAZAR D'ÉTÉ
aux Champs-Elysées.

COULISSES (1)

Turlututu! Turlututu!
Faut pas avoir l'esprit pointu
Ni pêcher par trop de vertu,
Quand on n'a sur soi qu'un « tutu »!

JARDIN DE PARIS
aux Champs-Elysées.

AMBASSADEURS
aux Champs-Elysées.

Dites — comme Duparc — à votre belle amie :

Je te promets mille délices :
Nous boirons les Vins les meilleurs
Et mangerons des écrevisses
Au Café des Ambassadeurs !

Théâtres où l'on rit

Que vous importe la liste absolument complète de tous les théâtres, à vous qui ne voulez connaître que ceux où l'on rit ?

Ces derniers seuls sont inscrits ici. Je ne vous recommande pas plus l'un que l'autre, mais je vous assure que, dans tous, vous passerez des soirées charmantes. (Consulter les affiches sur les *Colonnes Morris*).

FOLIES-DRAMATIQUES
40, rue de Bondy.

BOUFFES-PARISIENS
4, rue Monsigny.

NOUVEAUTÉS
28, boulevard des Italiens.

ATHÉNÉE
Rue Boudreau (Opéra).

DÉJAZET
Place de la République.

CLUNY
71, boulevard Saint-Germain.

VARIÉTÉS
7, boulevard Montmartre

GAIETÉ
Square des Arts et Métiers

PALAIS-ROYAL
38, rue de Montpensier.

MARIGNY
Carré des Champs-Élysées

GRAND-GUIGNOL
20 bis, rue Chaptal.

TRIANON
80, boulevard Rochechouart.

FUNAMBULES
18, rue Saint-Lazare.

Etc.. etc.

Que d'épaules marmoréennes dans les loges! Que de jambes sculpturales sur la scène!

Dans ces théâtres, les yeux et l'esprit se régalent

en même temps, et le spectateur en sort tout palpitant de joie et de désir.

Prix des Places : De 2 à 10 francs.

Les théâtres ouvrent à 8 heures et ferment à minuit. Y aller avant 9 heures.

Il n'est pas prudent d'acheter des billets aux marchands qui les offrent ailleurs qu'au Contrôle.

Bals

Si vous ne vous livrez pas vous-même à la danse, il vous plaira certainement de contempler des jolies femmes dans leurs évolutions chorégraphiques.

Les entrechats savamment exécutés par de gracieuses créatures sont toujours, pour le viveur, un spectacle charmant.

Voulez-vous assister à des fêtes splendides, réunissant les plus jolies femmes, les toilettes les plus chatoyantes, où vous admirerez les jambes les mieux faites — car il y a, là, de fréquents *concours de mollets* — voir enfin la plus belle réunion d'élégantes ?

Allez passer quelques soirées au

BAL TABARIN

34, rue Victor Massé.

Pour voir les étudiants en goguette, faisant mille folies en compagnie de leurs « étudiantes », chantant, se livrant aux excentricités les plus cocasses, il faut aller au Bal

BULLIER
avenue de l'Observatoire.

Mimi-Pinson et son amoureux, jouissant du *Repos hebdomadaire obligatoire*, valsent, polkent, mazurkent frénétiquement au

MOULIN DE LA GALETTE
79, rue Lepic.

Nos gentilles soubrettes, nos valets de chambre, nos cuisiniers et nos cochers se réunissent, pour nous débiner un peu et s'amuser beaucoup, à la

SALLE WAGRAM
39, avenue Wagram.

Un public très mélangé se dégourdit les jarrets, avec un entrain endiablé, au Bal de

L'EDEN-CONCERT
rue de la Douane (Place de la République.

Nos sympathiques « *Apaches* », après de fructueux cambriolages, manifestent leur joie en « *guinchant* » frénétiquement avec leurs « *poules* », soit à la

TÊTE DE COCHON
Boulevard de Ménilmontant.

soit aux

GRAVILLIERS
65, rue des Gravilliers.

soit encore à la

SALLE OCTOBRE
Rue Montagne Sainte-Geneviève.

Nos braves automédons, nos charbonniers, nos garçons de magasins, nos laitiers, la plupart venus de la Savoie, du Cantal ou de l'Aveyron, courtisent — pour le bon motif — leurs « payses » au

BAL-MUSETTE
Rue de Lappe (Place de la Bastille).

Un tour dans ces différents *Temples* de *Terpschicore*, vous permettra de constater qu'à Paris la *Valse de Réjane*, la *Matchiche*, la *Kraquette*, la *Bourrée* et tant d'autres danses sont cultivées avec amour.

Naturellement, les *Quadrilles réalistes* feront mieux votre affaire. N'ayez pas peur : vous en verrez, et de drôles.

Ah ! ces jambes en l'air, quel coup d'œil !

Cirques

Cloweneries, fantaisies équestres, acrobaties de tous genres, jongleries, jeux olympiques, chiens savants, etc., etc., constituent, sans conteste, un spectacle attrayant, surtout quand un grand nombre des *artistes* sont de jolies femmes aux maillots bien remplis.

Aussi passerez-vous d'agréables soirées dans les établissements désignés ci-dessous :

CIRQUE MÉDRANO

63, boulevard Rochechouart.

NOUVEAU CIRQUE

251, rue Saint-Honoré.

CIRQUE DE PARIS

Avenue Bosquet.

CIRQUE D'HIVER

Boulevard du Temple.

Les Footit, les Chocolat, les Gugus et les cocasses pièces de Trèbla et Codey, vous feront bieu rire.

Si le Génie de la Bastille
Avait, comme moi, z'un « tutu »,
Quelque chose qui lui pendille
N'effaroucherait la vertu.

Sport Hyppique

Joyeux viveur, vous êtes aussi, j'en suis sûr, un élégant sportsman.

Vous ne voudrez pas, étant à Paris, ne pas aller *aux courses*, et vous aurez fichtrement raison, car, en vous abstenant d'y paraître, vous perdriez l'occasion de frôler les plus belles, les plus élégantes femmes de Paris, — princesses authentiques ou demi-mondaines *numéro un,* — qui ne manquent aucune *réunion.*

Lieux et époques des courses :

LONGCHAMPS (Bois de Boulogne)

de Mars à Mai, puis en Septembre et Octobre, après le *Grand-Prix* couru en Juin.

AUTEUIL (steeple-chase)

Février et Mars, Juin et Juillet, Novembre et Décembre.

ENGHIEN

SAINT-OUEN

ACHÈRES

CHANTILLY

MAISONS-LAFFITTE

Dates non fixées. — Consulter les journaux.

C'est là, dans la cohue-bohue du Pesage ou de la Pelouse, qu'il est bon de se souvenir que d'adroits pickpockets ont été créés et mis au monde pour embêter leurs contemporains en leur chipant leurs porte-monnaie.

Concours Hyppique

Chaque année au Grand-Palais (Champs-Elysées), a lieu, pendant les mois de mars et d'avril, le *Concours hippique.*

Que de jolies femmes à admirer ! Que de bêtes superbes... à admirer également, parbleu ! Que de prouesses à applaudir, de hardis cavaliers !

Ah ! rater « l'Hippique », quelle gaffe pour un viveur !

Vélodromes

Les prouesses des coureurs-cyclistes vous intéressent probablement, en ce temps de sport à outrance.

Eh bien, vous passerez des instants agréables aux vélodromes, où vous rencontrerez encore quantité de dames charmantes, les Parisiennes étant des *enragées de la Pédale.*

BUFFALO
36, rue Parmentier, Paris-Neuilly.

PARC DES PRINCES (Vélodrome du)
Auteuil-Paris.

PISTE MUNICIPALE
Au bois de Vincennes.

HIVER (Vélodrome d')
Au Champ de Mars.

Palais de Glace

Cet établissement magnifique (aux Champs-Elysées) où fréquente un public élégant et amateur du Patinage (sur vraie glace) ne peut être négligé par le monsieur qui se dit *un viveur.*

Ouvert de 9 heures du matin à 7 heures, puis de 9 heures du soir à minuit, on y rencontre toujours tout un essaim de jolies femmes dont les gracieuses et savantes glissades sont un charme pour les yeux.

Là, naturellement, on patine, mais on y peut aussi, souvent, *patiner.*

A bon entendeur, salut !

Grande Roue de Paris

(74, avenue de Suffren)

On trouve, là, des attractions diverses : jeux, café-concert, kermesse dans les jardins, etc., etc.

Mais le plus plaisant,
Et l'plus amusant
C'est l'instant où l'on s'enfourne
Dans l'compartiment
Qui, fort gentiment,
Tourne.
On croit, c'est réel,
Que l'on monte au ciel
Pour voir le Père Eternel !
Le mouv'ment est doux.

On rit comm' des fous
En s'serrant les g'noux
Et l'on est comme sâouls,
Si l'on risque un regard en d'sous!
Dans ce lieu coquet,
On a du caquet,
Les gars courtisent les filles;
Chacun', gracieus'ment,
A pour son amant
Des façons vraiment gentilles.
On dit qu'ell' font mal,
Quand elle' vont au Bal,
Mais là, — c'est original, —
La Rou' tourne si bien,
Qu'on n'leur reproch' rien,
Car, très étonné,
L'papa le mieux né,
N'peut dir' qu' sa fille a mal *tourné*

La petite roue de la capricieuse Fortune ne procure de satisfaction qu'à de rares privilégiés, mais la Grande Roue de Paris met en liesse, chaque jour, des centaines d'amoureux.

Tour Eiffel

Pour voir de plus près le soleil, astre radieux, — ou de plus loin les hommes, ces méchants bipèdes, — monter à la tour du Champ-de-Mars est ce qu'il y a de mieux à faire. C'est amusant, intéressant et hygiénique. Quel apéritif, que le bol d'air pris là-haut, sur la troisième plate-forme !

TARIF DES ASCENSIONS

	Semaine	Dimanches et fêtes
Du sol au 1er étage	1 fr.	0.50
Du 1er au 2e —	1 fr.	0.50
Du 2e au 3e —	1 fr.	1 »
Ascension complète :	3 fr.	2 fr.

Auditions Phonographiques

Point n'est besoin d'aller à l'Opéra, à l'Opéra-Comique, ou autres théâtres et grands concerts, pour entendre les *étoiles* roucouler, à moins que vous ne teniez absolument à voir, en les écoutant, leurs jolies frimousses et leur mimique.

Grâce aux appareils perfectionnés des Maisons que je vous indique, vous connaîtrez la voix, l'accent, des artistes les plus renommés.

GRAMOPHONE
32, boulevard des Italiens.

PARIS-PHONO
6, boulevard des Italiens.

A L'HOTEL

Si tu veux que j'enlève tout, mon gros chéri, tu me donneras encore une toute petite pièce de cent sous.

12.

PATHÉ

26, boulevard des Italiens.

LA FAUVETTE

5, boulevard Poissonnière.

Cinématographes

On ne peut, hélas ! être toujours en train de... parler d'amour à sa belle.

Alors, on la promène, on la distrait, on l'amuse.

Soyez donc certain de procurer un immense plaisir à votre charmante compagne, en la faisant assister aux intéressantes séances des cinématographes :

CINÉMATOGRAPH-THÉATRE

7, boulevard Poissonnière.

AMERICAN BIOGRAPH

rue Taitbout.

CINÉMA-ODÉON

place Pigalle.

ROBERT-HOUDIN
8, boulevard des Italiens.

DUFAYEL
11, boulevard Barbès.

LUMIÈRE
8, boulevard Bonne-Nouvelle.

LE SÉLECT
6, boulevard Saint-Denis.

CINÉMA-THÉATRE GAB-KA
27, boulevard des Italiens.

Si l'on voit, dans ces établissements, des *vues animées* sérieuses, comme la *Réception d'Alphonse XIII*, on y voit aussi des scènes fort rigolboches : exemple : l'*Adultère*, la *Première Nuit de Noces*, etc., etc.

C'est une heure de vrai plaisir.

Patinage

AMERICAN SKATING RINK
place Clichy.

SKATING-PALACE
rue d'Edimbourg.

SKATING VICTOR-HUGO
rue Saint-Didier.

Concerts Symphoniques

La musique, dit-on, adoucit les mœurs.

Les vôtres étant — à ce que prétend votre concierge — tout à fait déplorables, vous ferez bien de vous faire chatouiller — les oreilles, seulement — par les airs harmonieux des grands maîtres : Massenet, Reyer, Wagner, d'Indy, Gustave Charpentier, et *tutti quanti.*

Vous entendrez d'excellente musique aux concerts:

ROUGE
Rue de Tournon.

TOUCHE
25, boulevard de Strasbourg.

EUTERPÉIA
25, rue Caumartin.

Panoramas

Vous aurez probablement la curiosité, vous trouvant à Montmartre, de faire l'ascension de la Butte.

Là-haut, vous pourrez vous promener dans quelques rues antiques; contempler le monument du jeune chevalier de la Barre; visiter la basilique du Sacré-Cœur; faire acquisition de quelques souvenirs (chapelets, images pieuses, petites cloches, diminutifs de la fameuse *Savoyarde*, etc.).

Vous rencontrerez, dans ces hauts parages, des *rapins*, aux culottes flottantes; des *poètes*, aux cheveux en broussailles, se rendant, tenant par la taille leurs *muses*, au CABARET DES ASSASSINS, rue des Saules, pour y parler *Art et Littérature*, en culottant des pipes et caressant de pauvres, mais belles filles.

Vous visiterez, avant de redescendre, le

PANORAMA DU SACRÉ-CŒUR
3, rue Saint-Eleuthère.

avant ou après avoir vu le

DIORAMA DE ROME
18, rue Lamark.

Mais, de sur la Butte, sans entrer nulle part et sans rien payer, le plus beau coup d'œil est encore, — s'il fait beau temps, — tout Paris, s'étendant à perte de vue.

Grimpez à Montmartre!

Tir aux Pigeons

(Bois de Boulogne)

Un vrai viveur, un amant *bonne-affaire*, doit être un tireur épatant.

Or, tirer quelques coups avec adresse au *Tir aux Pigeons* élégant du Bois de Boulogne est une des distractions qui s'imposent aux lecteurs de ce livre.

Il n'est pas à Paris une seule femme pour aimer un homme qui tire mal.

Hydrothérapie

Bains turco-romains, piscines, salles de douches, sudation, bains russes et de vapeur, massage sous l'eau, etc., etc., vous trouverez tout cela avec, si vous le désirez, restaurant, salon de coiffure — tout le confortable désiré — soit au

HAMMAM
13, rue des Mathurins.

soit au

BALNÉUM
16. rue Cadet.

qui sont, à Paris, les principaux établissements de ce genre.

Une bonne douche, voilà qui «remet» sur pied, après un sacrifice à Vénus !

Marché aux Fleurs

BOUQUETIÈRES

Les marchands de fleurs naturelles sont nombreux à Paris et leurs magasins luxueux abritent des variétés rares que les personnes fortunées se procuront pour ainsi dire au poids de l'or.

Mais, à certains jours, il est aisé de faire emplette à meilleur marché de fleurs de toutes sortes, non moins belles, et que recevront avec grande joie les jolies femmes à l'intention desquelles vous en aurez fait emplette.

PLATEAU DE LA CITÉ (près N.-D. de Paris)

les mercredis et samedis.

(Au même endroit, le dimanche, Marché aux oiseaux).

MADELEINE (Marché de la)

Place de la Madeleine.

les mardis et vendredis.

PLACE PIGALLE

Rapins, modèles, poètes, cocottes et noceurs s'y rencontrent en grand nombre, et ces gens-là... valent bien les autres.

D'ailleurs, des BOUQUETIÈRES par douzaines et âgées de six à soixante ans, les unes gentillettes, les autres affreuses, certaines fort jolies, vous offriront leurs lilas, leurs dahlias et leurs roses à chaque minute, partout où vous vous trouverez : au café, au concert, dans la rue.

Il est de ces fleuristes qui n'offrent pas seulement leur marchandise. En vous tendant un petit bouquet leur regard, leur sourire ne disent pas : « Voulez-vous mes roses-thé ? », mais signifient : « Voulez-vous de moi ? » Et les plus acharnées de ces dernières n'ont pas toujours quinze ans !

Quelques vieilles, qui s'adressent de préférence aux messieurs seuls et âgés, ont un clignement d'œil qui veut dire : « A belles fleurs », substituez « petites filles. »

(Voir plus loin : *Traite de blanches.*)

Tout le monde aime les fleurs, mais si par hasard vous ne les aimiez pas, n'oubliez jamais que la Parisienne les adore.

Envoyez se promener la mégère qui, flanquée d'une gamine, vous dit :

— Achetez-moi des fleurs, mon prince (sic), je sors de l'hôpital, mes enfants ont faim... Tenez, pour trois francs, vous aurez tout ça, et la gosse ira vous les porter à domicile.

Si vous acceptiez, il pourrait vous arriver ce qui advint à d'autres : aussitôt la petite entrée chez vous, trois ou quatre individus louches frapperaient bruyamment à votre porte. Introduits —

forcément — ils prétendraient que vous êtes un satyre, que vous avez « emmené la môme », et, vous menaçant de la police, vous obligeraient à leur verser la forte somme !

Méfiez-vous !

Bas-Fonds

LA FOIRE AUX MÉGOTS

Le soir, de 5 à 8 heures, les ramasseurs de bouts de cigares se réunissent *place Maubert* (Quartier Latin) et vendent à d'autres miséreux le produit de leur récolte, à raison de trente sous la livre.

LE CAVEAU

15, rue des Innocents (aux Halles)

Débit souterrain, où s'empiffrent de chopines de vin des vagabonds, des apaches et des pierreuses. (Très curieux.)

L'ANGE GABRIEL

9, rue Pirouette (aux Halles)

L'établissement de prédilection des *filles-de-joie* et de leurs amants de cœur.

Très visité, la nuit, par des personnages de marque.

LA BELLE DE NUIT
Rue des Halles (aux Halles).

Débit de boissons. Public de voyous, de vagabonds, de filles ; fréquents pugilats.

LA HUCHETTE
rue Saint-Séverin (Quartier Latin).

Restaurant où, pour quelques sous, de pauvres diables prennent des repas qu'ils se servent eux-mêmes. Des étudiants peu fortunés mangent là, dans une salle à part, appelée *le Sénat*.

CHEZ FRADIN
35, rue Saint-Denis (Châtelet).

Là, les *Sans-Logis*, moyennant vingt centimes, ont le droit de passer la nuit, assis sur un banc. On leur donne un bol de soupe chaude par-dessus le marché.

Triste !

LA GRAPPE D'OR
134, rue Saint-Martin (Centre).

Débit de vin où passent leur temps, — buvant, mangeant, riant (oh ! ce rire !) ou se querellant — de pauvres hères, hommes, femmes et enfants, déguenillés, affreux à voir.

Le fameux cabaret du Père Lunette (rue des Anglais) au Quartier Latin, a été récemment démoli.

ERNESTE (avec un E)

178, rue Saint-Denis (passage Basfour).

Marchand de vieux habits, qui fournit aux mendiants, aux vagabonds, aux sans-travail, des costumes complets à trente sous ! Des chemises à six sous ! Des paires de souliers à deux sous !

A tout acheteur d'un complet, il est offert gracieusement un chapeau !

Enfoncé, le High-Life Taylor !

IL FAUT VOIR

les antiques rues *Simon-le-Franc*, *Brise-Miche* et *de Venise*, se tenant toutes et situées non loin de l'*Hôtel de Ville.*

Hôtels borgnes, débits louches, populace étrange; filles publiques de 55 à 80 ans !

Brocanteurs, marchands ambulants, camelots. Brochant sur le tout : malfaiteurs se cachant dans ce labyrinthe effrayant.

LA TRAITE DES BLANCHES

TRAFIQUANTS ET PROXÉNÈTES

A Paris, hélas! comme à Londres, à Vienne, à Berlin, comme dans toutes les capitales, enfin, des hommes et des femmes, qui ne savent pas ce que c'est que le scrupule, font métier d'exciter des mineurs — des deux sexes — à la débauche.

Des gamines de dix à quinze ans, terrorisées par des brutes qui les battent avec cruauté, si elles n'obéissent pas vite et sans broncher, sont envoyées dans les rues, avec mission expresse de rapporter de l'argent, qu'elles se procureront par tous les moyens : mendicité, vente de fleurs (prétexte), racolage, prostitution!

Des individus, appelés des *marchands de viande*, se livrent à la Traite des Blanches proprement dite, et qui consiste à fournir des filles mineures, âgées de quinze à vingt ans, — plutôt de quinze à dix-sept, — à des tenanciers de *lupanars*, à des maîtresses de *maisons de rendez-vous*, ou à des particuliers amateurs d'enfants!

Afin de se « garer » de la Police, ces « *commerçants* » fabriquent de faux états civils à leur « *marchandise* », — de jolies fillettes déjà perverties, et d'autres, *innocentes*, qui ne s'aperçoivent *qu'après* qu'elles ont été trompées par des criminels!

Beaucoup de matrones, — vieilles prostituées ne pouvant plus « travailler », — ont toujours un stock de fillettes, maigres ou grasses, brunes ou blondes, à offrir à leur clientèle de satyres!

Il y a des spécialistes :

X... n'offre que du « *blond gras* » seulement.

Y..., du « *brun maigre* » de douze ans, au plus.

Z..., du « *Jésus frisé* », — petits garçons de douze à quinze ans!

Ce trafic ignoble ayant pris d'effrayantes proportions, des personnes honorables entre toutes se sont émues et ont décidé d'entraver, par tous les moyens, les abominables transactions de la *Traite des Blanches*.

Des magistrats, des publicistes, des docteurs, des philosophes, — tous philanthropes, — comme MM. Bérenger (qui fonda l'Œuvre des Gares), Ferdinand Dreyfus, Honorat, de Montefiore, Augagneur, Landouzy, Fiaux, de Pressensé, Gide, Comte, et d'autres, dont la liste serait longue, travaillent, avec un zèle et un dévouement admirables, à la destruction de cette « organisation » du crime et de l'infamie.

N. de D.! s'il n'en monte pas un, je vais *comme ça* dans la rue!

Non moins dévouées, des dames font de louables efforts pour préserver des embûches des odieux trafiquants et des tentatives des proxénètes les jeunes filles vierges, ainsi que pour ramener au bien celles qui, vicieuses ou victimes, étaient *descendues* jusqu'au Trottoir.

Ce sont Mmes de Sainte-Croix, Joséphine Butter, de Hagendorp, de Turin, d'Erbach, Mirabaud, de Castellane, de Bully, etc., etc.

Je ne puis citer tous les hommes éminents, toutes les dames charitables, qui organisent des congrès, fondent des Œuvres, dans le but généreux d'écraser le monstre qu'est la Traite des Blanches.

Il existe à Auteuil (XVIe arr.) la *Maison libératrice*, fondée par Mme Avril de Sainte-Croix.

Là, on reçoit, *gratuitement, les femmes et filles en carte* désireuses de rentrer dans la vie régulière et d'être rayées des contrôles de la Préfecture.

Œuvre sublime! qui permet à la femme tombée — de son propre mouvement ou « poussée » — de redevenir *la femme* telle que nous la rêvons, et, peut-être, l'ange d'un foyer!

LES JARDINETTES

Ce sont des femmes qui ont la spécialité de « *truquer* » dans les parcs et jardins.

Convenablement vêtues, coiffées, gantées, elles ont l'air de dames respectables.

Elles n'accostent pas carrément les messieurs; mais, assises sur les bancs, elles trouvent des prétextes pour leur adresser la parole et, à la fin, l'entente devient parfaite si le promeneur s'est laissé séduire.

Au LUXEMBOURG (Quartier Latin), les Jardinettes sont très nombreuses et vous auriez tort de croire que toutes les femmes que vous verrez là, lisant dans de gros livres, sont des étudiantes bon teint.

Au PARC MONCEAU (boulevard de Courcelles, non loin de l'Etoile), surtout les soirs d'été, des Jardinettes font de fructueuses... causettes avec des vieillards, rentiers du quartier.

Beaucoup des *Marcheuses* qui « font » la rue de Rivoli, — du Palais-Royal à l'Hôtel-de-Ville, — afin de se reposer un peu, deviennent, pour une heure ou deux, des Jardinettes et exercent leurs talents au JARDIN DES TUILERIES, depuis peu éclairé à l'électricité, en raison, justement, des scènes scandaleuses qui s'y passaient, — même en plein jour, sur les bancs isolés!

D'autres Jardinettes, — occasionnelles, celles-ci, — opèrent dans les différents squares.

Ce sont des femmes mariées qui y viennent faire jouer leurs gosses, et qui, sans faire le *Raccroc*, se laissent courtiser par des flâneurs qui, souvent, deviennent leurs amants.

Que de maris cocus ne le seraient pas, s'ils n'avaient pas d'enfants ayant besoin de gambader au grand air !

LE RANZ DES VACHES

Cette bucolique, au charme si puissant, de nos amis les libres citoyens de l'Helvétie, produit, à ce qu'il paraît, des effets extraordinaires.

L'annonce ci-dessous, publiée naguère par la *Gazette de Lauzanne*, vient à l'appui de cette supposition.

JEUNE HOMME Neuchâtelois, (étudiant en Art) sorte de rénovation de pensif moyenageux, *désirerait tenir la comptabilité française* de quelque personne poétique d'n sexe ou d'un autre) mais PLUTOT AGÉE. Si c'était un savant, un écrivain, un musicien, ect, le jeune homme en question exulterait de fantaisie et de joie. Au cas où cet article bénéficierait d'un écho prière est faite à celle ou celui de l'écho d'adresser ses conditions formulées sous : H. 1102 N.

Ce garçon me semble si désireux de *travailler* que j'ai tenu à lui rendre service dans la mesure de mes moyens, en insérant ici, à titre gracieux, sa demande *d'emploi*. Il faut s'aider les uns les autres, et je me réjouirais d'avoir été utile à ce jeune Suisse, si vous, mon cher lecteur, ou vous-même, ma charmante lectrice, étiez la « personne poétique » susceptible de le faire « exulter de fantaisie et de joie ».

Mais je me demande ce qu'a bien pu penser de cette annonce quelque peu bizarre, notre honorable et vertueux sénateur Bérenger, châtelain d'Alincourt-en-Vexin, qui s'offusqua, — je ne l'en blâme pas, je constate, — de celle-ci, pourtant moins emphigourique :

> **EVA,** jolie blonde, momentanément gênée, emprunterait vingt francs, chez elle, rue de..., de 5 à 7 heures du soir.

Pour ces sortes de transactions, il n'y a pas seulement la DEMANDE; en regardant bien, on trouve aussi l'OFFRE, dont voici un exemple :

> **MONSIEUR** *prêterait* dix francs à jeune fille brune dans l'embarras.

Eh bien, monsieur le sénateur Bérenger, puisqu'il s'adonne à la destruction de la publicité..... bizarre (!), devrait surtout poursuivre les filous, les escrocs, les voleurs qui, au moyen d'annonces dans les grands journaux, et sous prétexte de procurer aux gens des emplois bien rémunérés, des travaux lucratifs à faire chez soi, trompent de pauvres bougres qu'ils ruinent et réduisent à la pire misère!

Que M. le Sénateur étende ses investigations jusqu'à ces offices véreux et il se rendra compte qu'une annonce comme celle-ci :

> De 5 à 20 francs à gagner par jour, sans connaissances spéciales, travail chez soi, assuré toute l'année. S'adresser à...

est plus nuisible que celle de la blonde Eva ou que celle du « monsieur bien conservé », car des centaines de *sans-travail*, alléchés, s'adressent à X..., qui leur demande d'abord cinq, dix ou vingt francs, — souvent davantage, — qu'il ne rend jamais, bien qu'il ne procure, en réalité, ni places stables, ni « travaux lucratifs ».

Epurez les annonces des viveurs et des pécheresses, M. le Sénateur, mais supprimez radicalement celles des voleurs, — votre œuvre sera plus profitable au Public.

L'annonce de X..., qui dit aussi. parfois, qu'il a « DES MILLIONS A PRÊTER » cause de la tristesse et fait verser des larmes.

Celle d'Eva amuse et fait rire.

Laquelle condamnerez-vous?

Tout comme M. Léonce de Castelnau, « *je hais tous les despotismes. même le despotisme de la vertu* », et j'estime que M. le sénateur Bérenger est bien... *original*, quand il s'acharne à traiter de pornographes des artistes et des écrivains qui, destinant leurs productions à des personnes qui savent bien... « *ce que parler veut dire* » et ne sont nullement obligées, d'ailleurs, de les acquérir, s'abstiennent de couvrir de voiles les charmes féminins qu'ils ont exécutés d'après nature, ou d'user de trop de circonlocutions dans l'expression de leurs pensées, de leurs opinions, de leurs rêves ou de leurs observations.

Moi, qui ai la prétention d'être gaiement moraliste, voilà que j'ai presque *le trac* et que je me demande, non sans anxiété, si M. Bérenger, dans l'excès de sa pudibonderie, ne va pas s'écrier, furibond, quand il verra ce volume, — car il voit tout, M. le Sénateur, et j'envie sa collection :

— Paris-Noceur ! Mais c'est obscène, ça ! On ne doit pas faire la noce !... Au pilori, l'auteur.

Et je tremble surtout pour mon collaborateur Léon Roze, dont les dessins, certes, seraient ma placés dans un album pour enfants de trois mois à cinq ans, mais sont à mon texte absolument *ad hoc*.

— Quoi ! des mollets, du frou-frou, dira peut-être M. Bérenger, pornographie !... Qu'on le pende, ce peinturlureur de cotillons !

Ah ! mon pauvre Roze, je ne te vois pas blanc, si M. le Sénateur se met en colère, et, je ne te le cache pas : l'avenir m'apparaît noir... et je la

CONCOURS DE MOLLETS (Bal Tabarin)

Rincez-vous l'œil! Ici, c'est gratis. Mais, à domicile, pour voir de plus près et mettre bas les bas, ça coûte quelques louis.

trouve verte, moi qui en suis bleu, cette manie qu'a l'honorable — mais crispant — sénateur de regarder tous les dessins pour les trouver dégoûtants, — comme s'il n'avait été créé et mis au monde que pour ça !

Nous vois-tu forcés, ô Roze, toi, de ne peindre que des roses ; moi, disciple et admirateur fervent de l'immortel Zola, de casser ma plume ou de n'écrire que dans un journal de petites filles?

Alors, plus de modèles — ces charmants lutins — dans ton atelier, devenu triste et désert !

Et, pour moi, plus de pérégrinations — diurnes ou nocturnes — dans les jungles parisiennes.

Heureusement, des hommes, d'une honorabilité non suspecte, également ennemis de la pornographie, — mais qui ne la voient pas partout — osent contrecarrer M. Bérenger quand ils s'aperçoivent, avec quelque effarement, qu'il *va trop loin* quand il s'agit de répression.

M. le député Dejeante n'a-t-il pas raison, quand il insinue que « *l'œuvre pornographique par excellence est l'édition du Nu au Salon*? »

A certains de ses collègues qui, en pleine audience, à la Chambre, semblaient se moquer — oh ! très peu — de sa dialectique, M. Dejeante fit cette fière réponse :

— Vous avez été heureux d'avoir pu l'apprendre (à parler); j'ai appris, moi, un métier à l'atelier et je discute les intérêts des écrivains et des artistes en me plaçant au seul point de vue *de la liberté !*

M. Dejeante a bien mérité des artistes et des littérateurs, surtout quand il prononça ces autres paroles :

— Messieurs, il faut éviter les *abus de la vertu.* C'est là *un traquenard.* Il y a des hommes qui poursuivent un certain but, et leur activité a déjà donné des résultats à Paris; nous avons eu à regretter *le sang versé.* Il ne faut pas que, sous prétexte de morale, on commette d'autres crimes ou des actes d'arbitraire. C'est pourquoi je demande à la Chambre de vouloir bien renvoyer le projet à la Commission (1). Il porte l'atteinte la plus grave à la *liberté de penser*, à la *liberté d'écrire*, à la *liberté de dessiner.* Au nom des artistes et des écrivains, dont j'ai la conviction de défendre la liberté, j'insiste pour le *renvoi à la Commission.*

— Avec votre loi, a dit à ce sujet et avec raison M. Lamendin, il faudrait poursuivre l'Ancien Testament !

En effet, voilà un ouvrage pornographique, — d'un bout à l'autre !

1. Projet de loi ayant pour objet la répression des outrages aux bonnes mœurs.

⁂

Ah! pourquoi donc M. le sénateur Bérenger, père d'une loi très belle, — la loi de sursis, — appelée *loi Bérenger*, cherche-t-il si frénétiquement à en faire adopter une autre qui le rendrait odieux?

Mon cher lecteur, je vous quitte, donnant la parole à l'un de nos plus éminents députés, pas le moins du monde pornographe, j'en suis sûr, mais qui n'en fait pas moins, avec beaucoup d'esprit, échec à M. Bérenger.

Ecoutez M. LASIES :

— ... Il n'y a rien qui approche plus du vice que l'excès de vertu. Eh bien, en ce moment, je crains que la haute Assemblée n'ait commis un excès de vertu... Je demande, avec nos collègues, le renvoi à la Commission, en m'appuyant non seulement sur les arguments qu'ils ont donnés, mais encore sur un fait particulier, — et, ici, je me permets, quoique je sois très gêné, de faire appel à la pudeur de tous mes collègues. Je vais leur raconter un fait...

(Oh! lisez, lisez, voilà *le bouquet!*)

M. Lasies continua :

— Un journaliste se promenant dans une rue de Paris, avec un de ses amis, lui montrait un dessin; tous deux examinaient ce dessin avec curiosité et avec quelques éclats de rire qui euren le fâcheux résultat d'attirer l'attention des passants... Soudain, un monsieur en civil se précipite sur le journaliste qui montrait ce dessin et lui dit : « Je vous arrête. » — Pourquoi? — Pour outrages aux bonnes mœurs. — Comment cela?— Parfaitement, vous commettez un outrage aux bonnes mœurs... Messieurs, cette gravure, je l'ai là. Je ne la montrerai qu'à huis-clos, soyez tranquille, — et encore, pas à tout le monde!... Eh bien, savez-vous ce que montrait le journaliste? *C'était la carte qui est délivrée par le Sénat aux membres de la presse!...* Messieurs, les journalistes qui sont pères de famille ont bien soin, quand ils rentrent chez eux, de veiller à ce que leur carte reste dans leur poche et ne traîne pas... Je ne puis pas la décrire, cette carte; M. le Président m'interdirait la parole. Il est certain que le dessin est tout ce qu'il y a de plus provocant. *Il représente une femme qui montre tout, excepté sa figure, et, à côté d'elle, un vieux bouc!...* Messieurs, j'insiste pour le renvoi à la Commission et je prie M. le Ministre de la Justice, représentant le Gouvernement, de faire une demande respectueuse auprès du bureau du Sénat, pour qu'on change immédiatement cette carte de la presse délivrée par l'Assemblée du Luxembourg et qu'on supprime le dessin qui y figure actuellement... Je ne vois qu'un moyen d'effacer la mauvaise impression que cette carte a produite sur les rares initiés qui ont pu la regarder, c'est de remplacer le dessin quelque peu léger qu'elle porte, *ou bien par une feuille de vigne, ou bien encore par les traits augustes de notre très distingué collègue, M. le sénateur Bérenger.*

⁂

Quelqu'un m'a dit : « Je suis du même pays que le vertueux sénateur. Or, chez nous, on fait une grande différence entre BérAnger et BérEnger ; nous prononçons Béringère. »

Que le célèbre philanthrope s'appelle Béranger, Béringère ou Trouduchose, qu'importe, pourvu qu'il soit un peu plus tolérant !

Deux Femmes pour un Homme

MÈRE ET FILLE
LE TRUC DE L'AUVERGNATE

J'achevais ce volume quand un ami, qui venait d'entrer, se mit à parcourir les feuillets épars sur mon bureau.

Ses yeux étant tombés sur les lignes relatives à la *Traite des Blanches*, puis sur celles relatant les faits de Mme V...., et sur d'autres encore, il me dit :

— Ces choses-là n'existent pas, ce n'est pas possible ! Tu inventes tout cela !... Je ne te crois pas !

Je lui répondis :

— Si, au lieu de passer ton temps à mouler des chiffres sur des polices d'assurances, tu faisais comme moi ; si tu observais, si tu te renseignais, si tu voyais, tu serais bien obligé de croire, car tout ce que je aconte est absolument véridique.

Est-ce rareté d'amateurs ou pléthore de femmes? Sur dix cocottes, cinq rentrent bredouilles.

Mon ami faisant alors un geste de dénégation, j'ajoutai :

— Dans les journaux, tu ne lis, probablement, que les principaux articles, — la politique, les feuilletons, peut-être, — mais si tu regardais parfois les *faits divers*, les *petites nouvelles*, tu lirais, presque chaque jour, le compte rendu de faits semblables ; et tu croirais, alors, puisque c'est dans les commissariats que les reporters se renseignent, — tu ne dirais pas qu'ils « inventent », eux autres !

Sur ces mots, voyant bien que mon ami restait sceptique, je me levai, et, allant vers un tas de journaux, je repris :

— Tiens ! je parie cent sous que dans le premier « canard » que je vais prendre là dedans on parle — au moins — de l'arrestation d'un satyre !

Je dépliai un journal, — je ne sais plus lequel, — et me mis à chercher, tandis que mon ami maugréait :

— Mais non, on ne débauche pas tant que cela de fillettes !... Mais non, tant d'individus ne vivent pas de la prostitution des femmes...

D'une voix triomphante, je l'interrompis :

— Regarde ! Tiens, là ! Lis-moi cela, espèce de Saint Thomas !

Et je lui mis sous les yeux les lignes que voici :

Journée bien remplie. — M. Xavier Guichard, chef de la brigade des recherches, et son secrétaire,

M. des Gachons, n'ont pas perdu leur journée hier.

A neuf heures du matin, ils pénétraient dans un coquet entresol de la rue de Moscou et mettaient en état d'arrestation le maître de céans, un sujet bavarois, Max Schuster, âgé de vingt-cinq ans. Ce jeune homme, connu dans les lieux de plaisir sous le surnom de « Cyrano », à cause de son nez un peu fort, vivait là en compagnie de deux charmantes demi-mondaines, Augusta d'Avignon, dix neuf ans, et Renée d'Uvisse, — oh! ce nom est bien de circonstance! — dix-neuf ans, qui l'entretenaient sur un pied de 3.000 francs par mois.

C'est sur la plainte d'Augusta, qu'il avait menacée de lui taillader la figure, que ce souteneur élégant a été arrêté sous l'inculpation de menaces de mort et excitation de mineures à la débauche.

— A la nuit tombante, le magistrat a arrêté, après une surveillance d'un mois, la femme d'un agent d'affaires de la rue Drouot, Mme D..., âgée de quarante ans, qui livrait à la prostitution sa fille Adèle, âgée de dix-sept ans.

Cette mère dénaturée, qui occupait avec son mari un appartement de 3.000 francs, a déclaré au chef de la brigade mobile que ce commerce honteux lui rapportait 40.000 francs par an.

La jeune fille, qui possède son brevet d'institutrice, a été confiée à une association de charité. Sa mère est au Dépôt.

Quant à l'homme d'affaires, il a disparu, en même temps que sa fille aînée, âgée de vingt-trois ans, en apprenant l'arrestation de sa femme.

— Enfin, dans la soirée, M. Xavier Guichard a arrêté une Auvergnate, la veuve Loupia, qui, cours de Vincennes, tenait une maison de tolérance clandestine, où fréquentaient des jeunes filles de quatorze à quinze ans.

— C'est effrayant, dit mon ami, après avoir lu, et je te fais amende honorable, mon vieux; en effet, ne lisant que les *Premier-Paris*, je n'ai jamais remarqué ces *racontars* (sic).

Je lui montrai encore une dizaine de journaux, dont quatre du jour même; — tous, sans exception, mentionnaient une, deux ou trois affaires scandaleuses de mœurs, — et mon ami convint alors, enfin convaincu, que je pouvais dire la vérité.

Et si vous doutiez aussi, mon cher lecteur, je pense que ce court compte rendu d'*une journée bien remplie* vous ferait... réfléchi

BONS CONSEILS

Méfiez-vous des *filous* et des *entôleuses*.

Tous les jours, des « noceurs » imprudents se laissent dévaliser par d'adroits « voleurs à l'américaine » ou par des « cocottes » qui, habilement, les dépouillent de leur portefeuille et, naturellement, des valeurs qu'il renferme.

Malgré la fréquence de ces faits, que tous les journaux relatent, des naïfs se laissent gruger, voler, et battre par dessus le marché, — ce qui n'est pas rare.

Je vous engage donc à ne pas vous embarquer pour Cythère avant d'avoir pris de sages précautions.

Au moment de sortir, rappelez-vous que les malfaiteurs mâles et femelles pullulent partout où l'on s'amuse.

N'emportez donc que la somme suffisante à vos dépenses de « rigolade », et laissez en lieu sûr les billets de banque ou autres valeurs que vous avez en poche.

Laissez également chez vous vos papiers divers, vos bijoux : montre en or, chaîne, canne de prix, etc., dont on n'a nul besoin pour « courir » les établissements de nuit.

Une épingle de cravate se subtilise facilement. La vôtre, ornée d'un brillant, tenterait votre « amie » du jour, qui rêverait vite d'en faire hommage à son petit « nonomme chéri ». Laissez-la aussi. Un brillant de dix sous, en ces circonstances, a très bonne mine, et si quelqu'un vous le « barbote », vous ne faites qu'en rire, vous moquant du « voleur volé ».

Il est même dangereux d'avoir sur soi des cartes de visite, quand on sort pour n'aller qu'au restaurant, au music-hall ou au « Boxon ».

Dans un but très intéressé, dont elle se garde bien de vous entretenir, la mignonne que vous avez élue se montre très curieuse et se renseigne adroitement sur vos nom, adresse, profession, situation, etc.

Quel besoin pourriez-vous avoir de vous faire si bien connaître à cette délicate personne, que vous ne reverrez probablement jamais ?

Vous êtes docteur, avocat, négociant, rentier, officier, artiste ou marchand de n'importe quoi.

Qu'importe ! Dites à la gosse que vous êtes... oculiste... pour les yeux de bouillon, ou fabricant... de trous... pour les écumoirs, et que vous vous appelez Nicéphore Larfouillot.

C'est être bien stupide que d'éprouver le besoin

SINCÈRE AVEU

Dans un homme, ce n'est pas la binette qui me plaît, ni même... ce à quoi vous pensez; ce n'est que sa « galette ».

de faire étalage de ses titres et qualités devant des gens qui s'en f... ichent et qui, tout en vous faisant des minauderies, ne pensent pas à vous, ni à votre nom ronflant, ni à vos talents, mais seulement... à votre argent et au moyen de vous en soutirer le plus possible.

Que de chantages ont pu être perpétrés, parce que des « noceurs » s'étaient trop fait connaître, ou parce qu'ils avaient emporté, dans leurs excursions aux joyeux parages, différentes pièces qui leur furent volées, avec tout leur argent.

Ne l'oubliez pas : Au café, au restaurant, au concert, au bal, partout, enfin, des hommes et des femmes, — parmi les plus élégants, les plus courtois, — sont à la recherche du gogo à plumer, du bon jobard à dévaliser.

Et c'est surtout quand vous vous offrirez deux femmes à la fois que vous ferez bien de n'avoir dans votre poche que ce qui est nécessaire à la rémunération de leurs bons offices; car c'est à deux surtout que l' « entôlage » est le plus facilement praticable.

N'ayant sur vous ni forte somme, ni bijoux de valeur, ni papiers, vous pourrez vous aventurer dans la cohue, prendre du plaisir, sans soucis, et vous amuser sans restrictions, n'ayant rien à craindre.

Que pensez-vous de Me Letimbré, notaire à Tripatouilly-les-Oies, qui, ayant dans son portefeuille un magot de cent mille francs, se laisse entraîner dans un hôtel quelconque par la première pierreuse venue, et s'aperçoit, après avoir fait joujou avec la môme, qu'elle lui a « fait » son « artiche », sa « toquante » et son « pépin » à poignée d'argent?

Vous dites : « Ce notaire est un nigaud ! »

Vous avez raison, et vous ferez bien de n'emporter pas plus de dix louis dans votre gousset quand vous prendrez le chemin... de toutes les jouissances.

Méfiez vous !

TABLE DES MATIÈRES

PREMIÈRE PARTIE

Pages consacrées aux Femmes

DEUXIÈME PARTIE

Vers la Joie

TROISIÈME PARTIE

Toutes les Attractions

Paris. — Imp. spéciale de la Librairie de la Jeune France.
73, Faubourg-Poissonnière.

www.ingramcontent.com/pod-product-compliance
Ingram Content Group UK Ltd.
Pitfield, Milton Keynes, MK11 3LW, UK
UKHW051020210726
13857UKWH00006B/611